"互联网+"
行业深度落地系列

Internet +
Transportation

互联网+交通

智能交通
新革命时代来临

赵光辉　朱谷生◎著

人民邮电出版社
北京

图书在版编目（CIP）数据

互联网+交通：智能交通新革命时代来临 / 赵光辉，朱谷生著. -- 北京：人民邮电出版社，2016.6
（"互联网+"行业深度落地系列）
ISBN 978-7-115-42289-7

Ⅰ. ①互… Ⅱ. ①赵… ②朱… Ⅲ. ①互联网络—应用—交通运输业—研究—中国 Ⅳ. ①F512-39

中国版本图书馆CIP数据核字(2016)第081452号

内 容 提 要

本书详细而深刻地探讨了"互联网+交通"这个新课题，内容涉及移动互联网对城市智能交通的巨大影响，BAT三巨头城市交通O2O布局的评定，如何运用大数据等新技术，国内外"大数据+交通"应用与实践，物联网时代的智能物流怎么运行，"互联网+客货运输"如何跨界，如何构建新型的智慧物流生态圈，总结并预测了互联网技术对中国智能交通行业产生的冲击和影响，等等。本书适合交通行业研究者、对移动互联网发展研究感兴趣的读者、关注"互联网+"的读者阅读。

◆ 著　　　　赵光辉　朱谷生
　　责任编辑　冯　欣
　　责任印制　彭志环

◆ 人民邮电出版社出版发行　　北京市丰台区成寿寺路 11 号
　　邮编　100164　　电子邮件　315@ptpress.com.cn
　　网址　http://www.ptpress.com.cn
　　北京隆昌伟业印刷有限公司印刷

◆ 开本：700×1000　1/16
　　印张：14　　　　　　　　　　　　　2016 年 6 月第 1 版
　　字数：206 千字　　　　　　　　　　2016 年 6 月北京第 1 次印刷

定价：45.00 元
读者服务热线：(010)81055488　印装质量热线：(010)81055316
反盗版热线：(010)81055315
广告经营许可证：京东工商广字第 8052 号

序一 ●●●

2013 年 12 月 8 日，我在广州参加密西根大学吴贤铭制造中心中国校友会，赵光辉博士专程从北京到广州来。他告诉我，他是从山东费县交通运输局结束调研后启程的，先后到了山东济南机场、北京首都机场、北京火车站、南京火车站、南京禄口机场、安徽合肥火车站，然后从安徽火车站租了一辆车，到达武汉天河机场，然后飞到广州，再到南海区。风尘仆仆的他平静地说："都是雾霾惹的祸，从北京一直蔓延到武汉，所有的飞机都不能起飞，高速公路都封路，几天几夜马不停蹄才赶到广州。""这些都不遗憾，遗憾的是自己在交通运输部直属单位工作，实在惭愧！" 12 月 9 日下午，他陪同我到广州工业大学，我做了一次学术交流，参观了该校先进的 3D 打印实验室，随后他就飞回北京了。当天晚上，我收到了他拍的我在大学演讲和参观的照片。

当天，我也从广州回到上海交通大学密西根学院。这里正在举办一场关于大城市交通问题的学术报告，我以院长的身份致欢迎辞。我想：假如能够有来自国家交通运输部相关单位的专家，和来自美国密西根大学交通研究中心以及美国交通研究中心的专家们一起研讨各国的交通政策，也许是一个不错的主意。可是这是一项临时的安排，对参加者来说，也许是一个机会，但也许是一个挑战。鉴于此，我只是告诉了赵光辉博士这次学术会议的相关信息。12 月 11 日，赵光辉博士在学术会议上做了一次 5 分钟的演讲，他介绍了中国交通政策最核心的内容，以及政府制定交通政策的程序，然后回答了与会代表的提问。大家响起了热烈的掌声，除了对内容感兴趣，更对他12月12日赴美国密西根大学之前专程赶到上海表示感谢。临别之前，我们讨论了他即将开展的研究计划。当他告诉我"到美国之后所有的生活问题，都已经通过网络安排好了"，我从他的脸上，看到了一位青年学者融入互联网背景下的自信，这种感觉，和我当年第一次踏上美国的心情，实在是有很大不同。

也许是环境的原因吧。在密西根大学的时间，我从赵光辉博士的脸上，已经看不到在广州和上海时的匆忙。他第一次到我的办公室，我用英文告诉他我参加达沃斯财富论坛的情况，递给他一本论坛主席施瓦布亲笔写给我的信和一本最新的杂志，希望他对世界制造的背景有一个了解。赵光辉博士有一点脸红，可能还没有适应英文的环境吧，随后他就离开了。大约一周之后，赵博士返回了，他告诉我，他已经把我给的《财富》杂志用中英文的形式做成了PPT，就像其他的学者一样，每一个周五上午都要做一次学术汇报。这一次，我看到他满脸的疲惫，随便翻了翻他随声带的一个厚厚的笔记本，上面是他做的密密麻麻的英文笔记。我没有说什么，对一个学者来说，语言是最基本的要求，要融入美国的学术环境，除了"吃苦"两个字，没有其他的路可以走。赵光辉博士每天最早到研究室、每天最晚一个离开研究室，有时候就剩下我们两个人，虽然我们说话的时间不多，但是印象较为深刻。大约两个月以后，赵光辉博士已经完成了日本、中国台湾、中国大陆以及美国制造的PPT，图片非常多，内容能吸引人，研究进展比较顺利。

转眼到了3月。我在北京人民大会堂被授予"中华人民共和国国际科技合作奖"，受到了习近平主席的接见。回到密西根大学，赵光辉博士告诉我说，所有来自中国的访问学者们都为我感到高兴！他们希望能到我们的实验室和我当面做一次交流。意外的是，他计划写一本关于访问学者的书，把每一位访问学者在美国学习拼搏的故事带到国内，影响更多的后来学者。2014 年 3 月 8 日，20 多位来自祖国各地的学者在密西根大学吴贤铭制造中心欢聚一堂，非常愉快。我给他们讲了第一代访问学者如杨叔子先生在我们这里的学习研究经历，学者们的成就和影响，等等，最后对"怎样做一名访问学者"谈了自己的想法。随后几个月，赵光辉博士给了我一本书《美国访问学者访谈录》和一本中央组织部人才局支持的《千人》杂志，里面收录了我在交流活动中的发言。做一个学者，天分非常重要，比天分更重要的，是用心。有一天赵博士兴致勃勃地说，他一直在关注着美国交通运输政策和交通的发展，甚至现场听了美国副总统在底特律汽车展上的演讲，参观了交通研究中心，考察了很多美国交通机构。我问他："之后呢？"他递给我一本新书《美国交通战略评价》，是他翻译的美国交通政策和文献。善于将所学通过成果的形式转化出来，这是赵光辉博士与其他学者的不同之处。我们研究室的其他教授聊起他时，说到他已经拜访了十几位教授，到过所有的图书馆，听过法学院、经济学院、商学院和社会学院等的课程，俨然成了一位名人。

2014 年下半年，我在南京召开的国际学术会议上做主题演讲。没有想到，赵光辉博士竟然也回来参加了这次会议，我在演讲完毕离开会场时才偶然看到了他。事后我通过国内的其他朋友才知道，这位对学术研究极为执着的赵光辉博士，其实在中国交通政策研究方面，早已经小有名气。他曾经出版了《领导干部现代交通运输知识简明读本》，是给全国交通领导干部（包括管理交通的地方政府市长、县长们）读的。《交通局长谈交通》是写给全国 2800 多个县和 400 多个市交通局长们的。《交通运输人才战略研究》《公路交通应急管理教程》《交通运输社会服务能力》《互联网＋交通》等书，为我们了解中国交通的政策打开了一扇窗口。不仅如此，赵光辉博士还为河北万合物流集团、"三一重工"辽宁基地等多家企业做过物流专业讲座，在山西平顺、山东费县、广西容县、河北魏县、河北邯郸、河北曲周、甘肃嘉峪关等市县交通局做过专题培训，在河北、四川、甘肃、宁夏、湖北、河南、湖南、吉林、陕西、广西、新疆、云南等多个省交通运输厅机关，以及交通运输部干部教育培训会议上做过报告。

在时代车轮不断滚动、社会格局不断变革的大背景下，互联网正在引领我们进入一个前所未有的新时代。在这个崭新的时代背景下，任何产业要想取得突破性进展，都必然要以创新驱动作为引领产业发展的动力。而交通领域的创新，则需要由信息通信业、交通运输业、汽车制造业之间深度合作、协同创新，从而形成一种裂变式的创新。

认真拜读了赵光辉与朱谷生两位教授合著的《互联网＋交通：智能交通新革命时代来临》一书，我由衷地钦佩两位学者深厚的治学功底及学术远见。作为国内首部"互联网＋交通"领域的专著，本书不仅囊括了两位作者在交通领域丰富的研究成果，而且对国内外智能交通模式的发展进行了详细介绍。相信本书对于互联网从业者、交通领域研究者会带来诸多裨益。

美国密西根大学教授

倪军 博士

序二

现代科学技术的进步使得智能交通成为世界各国交通运输行业的重要发展方向。技术创新与融合、互联化（Connectivity）、跨界合作以及新的商业模式将是未来智能交通行业的重要特征，这些变化无疑会给包括中国在内的许多国家的交通运输行业和人民生活带来颠覆性的影响。赵光辉与朱谷生两位教授合著的《互联网＋交通：智能交通新革命时代来临》一书，很好地总结并预测了互联网技术对交通运输行业产生的冲击和影响。

必须指出的是，为了实现更快、更安全、更清洁和更可靠的目标，世界交通运输行业从未停止过科技创新。这种努力充分体现在最近几年世界智能交通大会（Intelligent Transportation Systems World Congress）的会议主题之中。

比如，2014 年底特律世界智能交通大会的主题是"重塑互联世界的交通运输（Reinventing Transportation in our Connected World）"；2017 年，即将在加拿大蒙特利尔举行的世界智能交通大会的主题是"互联世界的无间隙移动（Seamless Mobility in a Connected World）"等。值得高兴的是，中国智能交通运输行业的快速进步与发展，已经成为这种努力的重要组成部分。

与技术创新相伴的往往是剧烈的市场竞争。由于中国特殊的多元化汽车和高科技产品市场特点，企业之间的竞争会变得更加明显。对于国家交通运输以及其他政策制定部门而言：一方面要鼓励企业技术创新与融合，促使传统和新兴企业之间的合作；另一方面要加强国际合作，共同探讨研究并制定统一的法规政策标准，例如，自动或无人驾驶机动车的技术、安全和通信标准，以及它们对未来交通基础设施建设的影响和需求等。

让我们共同迎接智能交通新时代的来临！

美国汽车研究中心[1]资深科学家

洪强博士

---

[1] 美国汽车研究中心（Center for Automotive Research，CAR）是全球汽车产业的重要智库。美国汽车研究中心 1965 年创立于密歇根大学，2002 年成为独立的非盈利研究机构，位于密歇根州安娜堡市，详见 www.cargroup.org。

前言 ●●●

"十八大"以来，在准确把握我国基本国情并科学分析国内外经济发展形势的基础上，党中央做出了我国经济发展进入新常态的重大战略指示。在新的经济发展阶段，各个行业都在探索新的发展方向，而交通运输行业作为我国经济社会发展的基础性先导性服务性行业也呈现出了新的特点。

随着经济发展和人们生活水平的不断提升，我国的汽车保有量正逐渐增加，而与出行相关的停车场等基础设施的建设却相对缓慢，停车系统技术仍然比较落后，这就使得居民的出行效率十分低下。一直以来，与交通相关的堵车严重、打车难、停车难、停车贵等问题一直饱受诟病，即使相关部门推行了一些应对的措施，但仍然收效甚微。

而移动互联网、大数据、云计算、物联网等技术的不断发展，不仅促进了工业、农业、金融、医疗、教育等传统行业与互联网的跨界融合，更为交通运输行业带来了新的机遇。与互联网结合在一起的智能交通已经创造出了上万亿元的市场空间，并催生出了滴滴出行等一批"独角兽"型或具有成为"独角兽"潜力的企业。

以出行领域为例，除了已经与快的合并的滴滴出行之外，行业内还存在为数不少有望成为巨头的企业，如基于地理位置的代驾O2O公司——e代驾。

实际上，e代驾的成立时间比快的、滴滴还要早一年。当时，阿里巴巴、腾讯和百度等互联网巨头对这一领域并无太多布局，加之公司低调务实的行事风格，因此e代驾成立的前三年获得了比较快的发展。截至2014年10月，其市场份额已经接近90%。2015年8月，获得100万名代驾司机注册的滴滴向e代驾发起挑战。而随后，e代驾也宣布将投入1亿元邀请全民在每周三免费使用代驾服务，并明确惠及25个城市，以阻挡滴滴切入代驾市场。

实际上，早在此次"举杯星期三"活动之前，e代驾就曾经与茅台酒业、中石油、平安保险等多家知名企业跨界合作，推出"干杯星期五"活动，发放红包回馈用户。而此次力度更大的"举杯星期三"活动，实际上在与滴滴争夺市场之外，也使得e代驾的市场进一步扩张。

根据相关的统计数据，2015年我国代驾市场的规模约为27亿元。而且，随着用户需求的多样化和个性化，代驾市场会进一步扩大和细分，比如，除已经成为刚需的酒后代驾外，旅游代驾、商务代驾等也具有巨大的市场潜力，而且任何一个细分领域都有可能发展为一个全新的业态。

除出行外，汽车后市场也被众多创业者和投资者所看好，而与洗车、保养等相比，与智能停车相关的应用更有可能切中用户的痛点，获得良好的发展机会。

2015年6月8日，国内智能停车平台ETCP停车宣布完成A轮融资，金额高达5000万美元。而此次融资也是停车O2O行业规模最大的一笔融资，同时，这也意味着ETCP停车的市值超过5亿美元。

ETCP停车将传统停车场车牌识别技术和移动互联网结合，在国内首创了不停车电子支付技术。也就是说，车主驶入和驶出停车场的时候都不需要停留缴费，停车场入口处能够自动识别车牌号，并根据停车时间自动通过绑定的信用卡或预存的停车费进行扣费，大大减少了以往停车付款和等待的时间，提高了停车场的使用效率。

对汽车后市场的应用而言，用户流量的获取是发展的基础，停车场与汽车后市场O2O服务具有天然的连接属性，而ETCP停车不仅拥有行业内最优秀的技术团队、获得了最大规模的融资，而且已经开始打造智慧停车全集成云平台，未来，ETCP停车有望获得更大规模的发展，成为交通领域的另一个"滴滴出行"。

目前，我国经济下行的压力正逐渐增大，各个行业所面临的市场竞争也日趋激烈，所以能够认识到经济新常态的特点，并发现其中的机遇和挑战才能使企业获得竞争优势。

互联网给交通行业带来的发展契机也并不仅限于某个单一的领域，综合大数据、云计算、移动互联网等相关技术的交通信息平台近两年也获得了不错的发展。交通信息平台可以将居民出行涉及的各种信息，如公交、地铁、出租、路况等进行整理，然后通过多种渠道进行发布。当居民有出行需要时就可以进行查询，从而制定最佳的出行方案，提高出行效率。

虽然我国目前在智能交通相关的各个领域均取得了不错的成绩，但是仍然有许多方面需要完善，比如，打车软件等的合法化和进一步普及，需要政府相关部门的支持和监督；数据资源的利用需要多个部门的合作和共享；无人机、机器人等与智能交通相关的尖端领域需要科研单位的进一步投入。

作为"智慧城市"的重要组成部分，智能交通建立起来的新的生态系统对盘活现有的各种资源、构建新的商业模式、改变居民的出行体验等都具有重大的作用。在"互联网+"大行其道的形势下，智能交通新革命时代已经来临！

目录 ●●●

Chapter 1

第 1 章

"互联网 +"时代的城市智能交通

1.1 "互联网 + 城市交通"：新常态下的城市交通变革

1.1.1 "互联网 + 城市交通"时代的来临

2016 年 1 月 22 日，中国互联网信息中心（CNNIC）发布第 37 次《中国互联网发展情况统计报告》显示：截至 2015 年 12 月底，中国互联网普及率已经达到了 50.3%，网民数量高达 6.88 亿；同时，网民的上网设备正在向手机端集中，手机网民的数量达到了 6.20 亿。

由此可见，我国已经成为了名副其实的互联网大国，随着"互联网 +"计划不断助力社会发展，移动互联网重塑新的生活形态，互联网对于整体社会的影响已经进入新的阶段。

2015 年 3 月，李克强总理在两会期间提出制定"互联网 +"行动计划，意在通过互联网平台和现代通信技术，打通互联网和传统行业之间的渠道，打造一个全新的领域和业态，以创新驱动行业发展，以"互联网 +"促进跨产业融合，整合社会资源，使其价值真正惠及人民。

2015年7月，李克强总理批准印发《关于积极推进"互联网+"行动的指导意见》，这一举措把"互联网+"带入了生产领域，为产业化水平的提高增加了极大的动力，从而进一步促进了经济社会发展新优势的产生。同时，这也意味着"互联网+"将作为一项政策被正式纳入国家发展战略布局当中。

在指导意见提出的11项具体内容中，有9项涉及"互联网+便捷交通"的问题。这意味着，国家发展和改革委员会和交通运输部未来将着手推进互联网和交通运输业的融合，推动交通运输业的多个环节在线化、网络化，大力整合交通资源，促进跨交通工具、跨领域的资源共享，实现科学调配和科学治理，打造一体化、人性化、便捷化的高效运营服务体系。

要想充分利用互联网带来的价值，我们必须要对原有的传统互联网思维模式进行革新，用"互联网新思维"进行价值探寻和规划，才能充分享受互联网平台带来的公开、高效、双赢等多种福利。

在美国作家Dave Kerpen创作的《互联网新思维》一书中，我们可以了解到互联网六大新思维观，包括用户思维、简约思维、迭代思维、社会化思维、服务思维和平台思维，其中用户思维是最本质也是最核心的部分。"以用户为本位"基本打破了传统模式中产业对用户的单向输出模式，而是充分考虑到用户的需求，并对这种需求持续满足和维护。

互联网与城市交通相结合所产生的成果已经不在少数，滴滴等智能出行方式就是最典型的例子。尽管在发展过程中出现了不少问题，但我们不能否认，利用手机互联网实现出行方式的多样化，不仅极大地方便了用户的出行，而且充分利用了车辆资源，提高了资源的使用率，符合共享经济的发展概念。这种方式就如同京东、淘宝一样，是"互联网+"与不同领域相结合而产生的成果。

"互联网+"在交通领域的应用已经渐趋成熟，并在不知不觉中渗透进了我们的生活，如网上订票系统、高速公路上的不停车电子收费系统、城市中的滴滴智能出行方式等。

"互联网＋城市智能交通"是在大数据、云计算和云空间等先进互联网技术的帮助下，对交通资源进行整合，在互联网与交通运输行业深度融合的基础上，实现以线上作为调配平台、线下高效执行的高效配合方式，形成了互联网时代的新业态模式。

如今，为了进一步推动"互联网＋便捷交通"的发展，应在技术和产品创新方面注意以下几点。

（1）大数据的整合和分析

随着互联网运行速率的不断提升，其整合数据的能力也随之提高，尤其是近几年来，互联网数据几乎每隔两年就要成倍增长，交通运输行业也不例外。2007 年以来，公安交警建设的交通指挥中心大批量投入使用，再加上公交车、出租车等相关数据的生成，交通运输行业的数据积累越来越多。

比如，相关数据显示，地市级交管控制中心的外接子系统每天接入的数据量约为 3000 万 MB。以江苏省公安厅"3·20"工程为例，其 11 个地级市在 2年内便接纳了超过 400 亿 MB 的数据量。

面对如此庞大的数据接入，交通大数据所要面临的挑战也随之而来。

1）对不同领域的数据进行协调、融合以及分析。交通信息数据采集方式是多样化的，因此采集到的数据也在形式和特点上存在差异。以数据格式来说，不同方式采集到的数据格式不同，包括视频、图片、音频等，此外还有结构化数据和非结构化数据之分。

在融合不同类型的数据时要注意以下几点。

★ 保证数据的完整性和准确性。就卡口车辆的特征数据来说，早先的设备比较落后，只能采集到车辆的号牌以及颜色，对于车辆的品牌、型号和车系等信息就无能为力，在进行套牌车分析时准确度不高。因此，在进行数据融合分析时，要建立统一的标准，否则就会生出很多不必要的麻烦。

★ 要做到数据的可复制性。也就是说，一个部门的数据不仅可以满足自身的需要，还能够与其他部门进行对接满足其他部门的需要。

2）**交通智能化发展不足。**交通智能化主要表现在前端智能化和数据综合利用两个方面。

前者主要指的是工作在一线的设备智能化，尤其是感知智能化，包括交通信号智能控制、事故预警、违规监测等，设备智能化程度越高，收到的数据就会越准确，也就能为控制中心分担压力。

后者的缺陷主要体现在云计算能力的不足。目前，全国各地的交通运输行业虽然加大云存储、云计算等项目的开发，但依旧仅停留在硬件的建设方面，数据来源也较为单一。

高德地图每年都会发布《中国主要城市交通分析报告》，其数据来源主要就是浮动车数据，对交通管理数据的运用较少。"公安车辆大数据研判解决方案"是大华股份利用大数据的卡口过车数据建立的研判系统，在 EC 云存储和分布式 Hadoop 架构的基础上实现秒级数据检索，并且能够对车辆的车标、类型等信息进行高精度细分。

交通大数据卡口过车数据的有效利用有利于在人与车之间建立联系和高效分析关系模型，能够及时做出高位车辆预警。目前，这种利用形式已经在山东等多地付诸实践并取得了不错的效果。当然，对其他数据的挖掘和应用还应进一步深入，算法等也应进一步提升。

（2）移动互联网影响下的跨界交通信息融合纵深化发展

随着移动互联、大数据、物联网等技术的进一步深化发展，在其影响下的城市智能交通也在顶层网络设计、部门之间的跨界信息融合和信息发布等方面出现了一些新的发展特点，具体表现如下。

1）**物联网影响下的顶层网络设计。**公安信息网和交通专网是公安交通管理部门存在的两种网络类型，不同类型的网络之间存在着接入方面的安全壁垒，各自内部都有自己专用的业务数据。只有打破二者之间的壁垒，促进资源的流通共享，大数据才能发挥出其真正的价值。

除此之外，铁路、民航、公交、专车之间也存在着数据壁垒的问题，要发挥数据的真正价值就必须在确保信息安全、尊重隐私的基础上实现资源的共享，这就需要顶层网络设计打破数据壁垒，实现真正的智慧交通。为了推动这一进程的尽快实现，政府部门也应该积极参与，正确引导。

Ⓟ

天津市运输交通委于 2015 年 6 月联合阿里云计算公司共同进行"互联网＋城市智能交通"的研判实验。此项目的运作方式是以政府部门为主导，阿里作为主要运作方，负责提供技术和相关问题的解决方案，把"互联网＋交通"的概念灌注到城市交通的各个环节，统筹管理铁路、航空、公交等运输资源，进行交通信息的综合利用，实现统一管理。

2）**跨界信息资源整合**。互联网的飞速发展把交通运输业也带入到了信息的时代，信息化服务重视信息的整合和共享交流，在进行综合性掌握的基础上关注不同用户的个性化体验，与"用户至上"的理念相契合。

不同的用户对于交通信息的需求也是不同的，如商旅人士较为关注民航等航班信息、铁路时刻信息等，朝九晚五的上班族更加关注公交车、出租车的信息。但是这些信息分属于不同的部门，部门与部门之间存在信息沟通的障碍，即使部门内部也存在信息交流的"死角"。例如，在公安部和建设部主导的"畅通工程"中，建立了数百个交通指挥中心，而且多以子系统的方式存在于交通系统内部，互相之间联系很少。

"互联网＋城市智能交通"能够从各个环节出发，促进交通信息的深度融合，并从融合内容和融合程度上进一步深化。

Ⓟ

以上海为代表的一线城市已经开始进行尝试，如上海市交通信息综合服务平台就是融合了民航、铁路、公交以及道路拥堵状况等多种交通信息。

浙江省宁波市和衢州市也在进行跨界融合交通信息的尝试，设立了交通信息服务平台，在整合跨界信息的同时促进线上线下的互动交流，并利用定位软件把交通信息和地理位置结合起来，为用户出行提供了更大的便利。

3）**移动互联网改革信息发布方式**。传统的信息发布方式是车载广播和网站等，这类方式不可能在短期内消失，但是就其便捷程度来说已经不能满足用户的全部需要，在移动互联网作用下，手机 App 和动态导航更加受到人们的青睐，必定会成为主流。

2013 年，宁波交通委推出的"宁波通" App 以新奇的发布形式和丰富的资源吸引了大众的注意。

该 App 通过跨界资源的支持推出了 18 项便民服务，其中有路况上报、违法处理、公交查询等，涉及面广，内容丰富，能够满足人们的不同出行需求，且用户还可以根据自己的需要来私人定制关注点，体现出了高度的人性化关怀。其数据整合涵盖公交、客运和公安交管等 10 余个部门，业务系统覆盖全面，实时性好，为人们的出行提供了更多便利。

另外，对多个业务部门的数据进行整合也为软件提供了强大的支撑，使其能够发布动态服务信息。类似地，衢州推出了"衢州通"，北京发布了实时公交软件。

从目前的发展状况来看，我国互联网技术飞速发展，"互联网 +"从形态、技术以及涉及领域等方面都得到了长足的发展，为"互联网 + 便捷交通"的发展打下了坚实的基础。

交通的"互联网 +"趋势已经成为交通领域的未来发展大势，我们要做的就是顺应这股潮流，并借互联网高速发展的态势进一步推进互联网与城市交通的融合，促进其向纵深发展，打造真正的智慧交通城市，并推进其产业化的转变。

通过对交通大数据的整合、管理以及分析，交通部门能够统筹管理各个领域的交通状况，融合跨领域信息，科学安排各项交通工作，提高工作效率，简化工作流程。此外，还能够对未来可能出现的事件、事故等进行及时预测，避免不必要的损失，为整个社会机制的运转增添一层有力的保障。

1.1.2 "互联网＋城市交通"的表现形式

今天，遍布街道的摄像头、电子卡口、电子警察系统等，不仅规范着交通秩序、维护着城市安全，同时也产生了大量的城市交通数据信息。对这些信息进行深度挖掘和有效利用，能够为交通管理带来极大的便利，从而进一步优化利用交通工具和道路，减少交通资源的闲置浪费。

随着"互联网＋"时代的到来，大数据、云计算等先进技术不仅被人们广泛熟知，还逐渐被应用到社会生产生活的各个领域。在智能交通方面，对大数据信息进行分析、挖掘，有利于实现车、路、人之间的精准连接与整合，从而为人们提供更为智能、精准和人性化的交通服务，优化人们的出行体验。

同时，大数据技术的应用，也增强了交通管理部门的信息收集、分析和整合能力，使他们能够对车辆、道路等交通资源进行更为优化的配置和更加高效的利用，大大提高了交通管理能力，也增强了决策的科学性和效果。

2015 年年初，我国政府提出了"互联网＋"行动计划，全面推进互联网与传统行业的融合，推动线上线下的高效连接与整合，建构"互联网＋"时代的经济新秩序和新业态，实现经济的转型升级。

在交通领域，"互联网＋交通"推动了智能交通时代的到来。借助互联网大数据技术，交通领域不论是从管理还是服务层面，都形成了"线上合理分配资源、线下高效优质运行"的智能化、精准化和人性化的状态，大大提高了交通管理和资源利用的效率，也极大优化了人们的日常出行体验。

其实，在几年之前就已经出现通过线上服务优化人们的交通出行体验的案例。例如，铁路部推出的 12306 网上购票服务，让人们不必去实体售票点，而是通过线上渠道购买火车票；民航领域的网络订票渠道开通更早，而且现在还提供手机 App 实时购票、查询航班动态等服务。

同样，公路部门也在积极融合互联网服务，大力推进高速公路 ETC（Electronic Toll Collection，电子不停车收费系统）的发展，从而提高效率，优化服务。另外，人们在城市中的日常出行也越来越依赖于导航系统、打车软件等互联网服务。

互联网与交通领域的深度融合，特别是互联网大数据技术的应用，重塑了传统的出行方式，提高了交通管理的效率，推动了智能交通时代的到来。

具体来看，"互联网 + 交通"的表现形式如图 1-1 所示。

图 1-1 "互联网 + 交通"的三大表现形式

（1）事前预判

在日常出行中，人们经常会碰到一些令人烦恼的事情，如飞机或火车的晚点、高速公路上的大堵车等。这不但大大降低了人们的出行体验，也打乱了人们的原有计划。特别是在我国这样一个人口众多、交通压力巨大的国家，晚点、拥堵等情况更是十分普遍，这也成为我国交通出行需要首先解决的问题。

智能交通的发展，特别是互联网大数据技术的应用，为上述问题提供了有效的解决方案，能够大大提高交通系统的管理效率，优化人们的出行体验。

Ⓟ -

例如，智能交通能够极大提高人们在交通拥堵时段出行的计划性、可靠性和安全性。通过查看智能交通系统中他人的出行信息和数据，预判出哪个时段会出现严重的拥堵情况，从而合理安排自己的出行时间，避开高峰时段。

同时，即使无法避免某个必经路线的拥堵状况，出行者也可以借助智能交通的大数据信息和相关技术手段，查看以往同一时段该路线的交通状况，并根据这些信息，预估出自己可能需要的时间，提高出行的可控性。

最后，智能交通系统还能够有效提高人们出行的安全性，如自动驾驶功能、自动避让和紧急制动功能等。

总体来看，"互联网＋"对智能交通的推动，最主要的是让大数据信息技术融入智能交通领域的应用发展中，从而提高智能交通对相关信息的收集、分析和整合能力，充分挖掘大数据信息的巨大价值，并通过对这些数据信息的传输分享，增强整体交通系统和个人出行的应变能力。

具体而言，大数据技术帮助人们从"事后检索"转为"事前预判"，大大提高了管理效率，有效规避了可能发生的风险。

海康威视是我国领先的监控产品供应商，能够为人们提供优质的视频处理和分析服务。其基于大数据库的云计算搜索技术，可以帮助人们像使用百度搜索一样快速方便地找到需要的内容。

例如，针对某个系列案件，警方不必像以往那样只能通过案发地点的监控录像来寻找嫌疑人，而是可以将犯罪分子的面部图像、作案车辆等图片信息，放入海康威视的大数据库中进行检索、对比和分析，从而找出犯罪分子的作案特点，提前布控，有效阻止新的犯罪行为。

另外，大数据技术也提高了交通系统的反应速度，做到了"秒级响应"，从而极大增强了相关部门的管理能力。例如，通过在城市电子卡口系统中运用大数据技术，管理部门能够在几秒甚至零点几秒的时间内，从不断更新的海量车辆记录中快速搜索到需要的信息，进而实现对套牌车辆、交通流量、事故多发时段和地点等内容的快速分析、反应和预判，提升交通管理的效率和效果。

（2）调整更改

对城市管理者和交管部门来说，"互联网＋交通"的智能技术能够有效增强了他们对数据信息的获取和利用能力，从而为交通管理和相关决策提供更加精准的大数据信息，提高管理决策的科学性和有效性。

例如，城市道路是由交通设计院根据当时的情况规划设计的。然而，在城市的发展过程中，这些道路最初规划的交通承载力可能已经滞后于不断变化的周边情况，也无法满足新的出行需求。这就需要对道路进行重新规划设计，以便更好地适应城市发展，优化人们的出行体验。

这时，就可以借助智能交通技术，通过道路上的电子警察系统、卡口、视频检测器等设备收集相关的交通信息和数据，如车流量数据、道路拥堵情况、交通高峰时段等，从而为重新规划道路以及不同设计方案的选择，提供更加科学精准的数据信息：道路的交通承载力需要提升多少才能满足人们的需求？是将道路改建成潮汐车道，还是可变车道？

再比如，智能交通技术可以更加合理地设置不同道路的红绿灯时间比，提高道路的通行效率。在一般情况下，信号控制系统是按照固定的时间比例进行红绿灯之间转换的，并不能根据真实的车流状况进行及时调整。

而如果在控制系统的前端信号机中安置车辆检板，或者通过视频检测器来实时反馈道路上的车流量、占有率、车速、排队长度等信息，那么就可以根据某个区域具体的交通情况，及时调整相对应的红绿灯时间比，从而极大地提高道路的通行效率。

同时，这些反馈的道路通行数据还能够作为相应区域信号灯重新配时的重要依据，从而调整该区域的通行状况。另外，对不同道路区域交通数据信息的采取、共享和整合，也有利于交管部门对城市整体的交通状况进行管理协调，为缓解交通拥堵、改善道路通行状况提供精准的数据支持。

（3）分析应用

互联网大数据技术对城市智能交通的构建发展具有至关重要的作用。通过对交通出行大数据信息的采取、分析、挖掘和整合，既可以找出城市交通状况与重要事件特别是突发性事件的关联，从而做好预防工作，有效缓解重大事件造成的交通压力；又能够从相关的大数据信息中获取和分析居民的出行习惯、路径偏好等内容，从而提升第三方平台服务的精准性和有效性，推动现代交通服务业以及衍生产业的发展。

另外，通过对不同城市交通信息大数据的共享和整合，还可以分析出不同城市之间的联系强度、人口流动方向等内容，从而为城市的对外交通规划提供重要参考。

例如，交通管理、治安侦查等部门，都可以通过对智能交通综合管理平台中的大数据信息进行挖掘、分析和判断，获取众多有价值的数据和信息，从而为相关判断和行动提供重要参考和依据。

P

在刑侦稽查中，车辆行驶轨迹常常是进行目标识别的重要依据。在智能交通综合管理平台中输入关注车辆的号牌，选定关注的时间段，就能够获得该车辆在对应时间段中的所有行驶轨迹，并在平台的电子地图中形象地展示出来，从而为刑侦分析提供重要参考。

在城市机动车辆爆发式增长的情况下，仅靠传统的技术手段往往很难及时、有效地辨识出车牌号的真伪或者是否使用套牌。而智能交通综合管控平台的车牌识别技术以及相关的套牌分析模型，能够将选定的车辆与平台大数据库中的车辆信息（车牌号、车身颜色、车辆类型、出现时间等）进行对比分析，从而快速高效地检查出违规车辆，极大地提高了车辆管控效率。

同时，通过卡口、电子警察系统等智能交通设备获取的车辆数据信息，也能够帮助治安监控部门及时找到初次入城的外来车辆，并对可疑的外来车辆进行实时监管，从而有效打击外地车辆的流窜作案行为。

另外，大数据技术的应用也能够帮助交管部门更好地保障城市交通安全，维护良好的交通秩序。特别是在城市交通日益复杂多变而相关警力又十分有限的情况下，智能交通技术手段就更为重要。

借助智能交通综合管控平台中的大数据信息，交管部门能够对城市中不同区域的交通状况进行排序，找到交通违法的高发区域和时段，从而为合理配置、调动警力提供重要的参考，极大地增强交通管理能力，提高对交通违法行为和交通事故等的处理效率。

1.1.3 "互联网 + 城市交通"的核心本质

2015 年"两会"期间，李克强提出"互联网 +"概念引发学者热议，随之引发了资本市场以及媒体上关于"互联网 +"概念的解读和讨论。

当然，这是对于专家以及相关业内人士来说的，而对于普通大众来说，概念的发展程度甚至是概念的含义都不重要，能否解决与生活密切相关的问题是其关注的焦点。就目前情况来看，公众最关心的问题莫过于环境和交通，就前者谈"互联网 +"还为时尚早，而后者早已形成了"互联网 + 城市交通"的基本模型。

接下来，我们就针对"互联网 + 城市交通"的具体含义以及其对于大众生活的切实影响，从"资源公有化"和"数据公有化"两个维度进行分析，如图 1-2 所示。

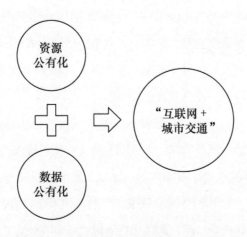

图 1-2 "互联网 + 城市交通"的本质

（1）空闲交通资源的"再利用"

当下，打车、拼车等各种软件越来越流行，其之所以受欢迎，无非是因为切中了人们的出行痛点，充分开发闲置资源的利用价值，极大地提高了出行的效率。

在打车软件出现之前，人们出行打车是机械式的，打车行为的成功有相当一部分是因为运气，"打车难"逐渐成为一个社会关注度极高的问题。为了避免打车的尴尬，很多人选择驾驶私家车，这样一来交通拥堵更加严重，出行难度进一步增加，如此就形成了恶性循环。

打车、拼车等软件的出现无疑打破了这种局面。打车软件使得乘客能够打到车的概率更高，靠的是算法而不是运气，这样也有助于进行数据统计，在高峰期进行合理分流。此外，这类软件解决了私家车资源与交通之间的矛盾，使得"个人资源"变为"公共资源"。因此，打车软件的出现极大提高了司机与乘客之间的对接成功率，并充分利用闲置资源，扩大个人资源价值的实现范围，为人们出行提供便利的同时也没有额外增加交通负担，因此更易形成良性循环。

供需的重构是促使"互联网＋"落地的关键。非互联网领域逐渐与互联网进行对接和融合，不仅是利用互联网手段提高过程中的效率，更重要的是在供需两侧同时增量：在供给端是挖掘资源的多重价值，充分利用闲置资源；而在需求端则是利用新型手段构建新型消费场景，这样无意中为满足需求的实现提供了多样化途径。在供需的通力合作下，共享经济便形成了。

这一概念落实到"互联网＋交通"这一个点上来说，就是跨越资源在"公有"和"私有"之间的界限，使其共同创造价值。

但不可否认的是，尽管"互联网＋交通"的模式给出行带来极大便利，但是其实施过程并不是一帆风顺的。互联网本身具有相对较大的自由性，由此"互联网＋交通"也存在监管困难的问题。比如，之前阿里和腾讯的"打车软件烧钱大战"便引起了专家和消费者的争议。当然，如果今后监管的力度能够跟上，打车软件依旧是优化社会资源、解决出行难题的一种有效方式。

（2）数据资源的共享促进公共服务优化升级

互联网对城市的交通资源进行优化重组，这对整个城市的资源管理来说无疑是最为有效的自下而上的管理方式。此外，还有一种自上而下的管理方式是交通支队、交通电台等地方公共服务机构通过收集互联网及时反馈的数据，再根据自身的职能特点对这些数据加以有效利用，便也能够准确高效地解决各种交通问题，但这种方式主要发生于与大众存在一定距离的数据链后端，因此其影响是潜移默化的，基本上是不会被大众所注意到的。

2015 年 4 月，高德发布"高德交通信息公共服务平台"。这一平台以"高德交通大数据云"为主要依托，能够及时为交通机构反馈各种路面状况以及交通信息，如城市主要拥堵点、交通事故、主要商圈路况等，并能够对相关问题进行智能排查。

该平台发布后，北京交通电台率先使用，使听众能够及时收听到路况信息，了解到拥堵地点，根据自身实际情况选择规避拥堵，极大提高了出行效率。此外，听众还可以收听到热点路段的疑似事故预测，疑似点周围的用户可以通过高德地图用户端上传照片和语音等信息进行验证。这样一来不但实现了数据的及时流动，提高了数据利用效率，而且还能极大提高信息的准确度。

目前，高德交通信息公共服务已经陆续向北京、广州、深圳和天津等 8 个城市的交通媒体以及交通管理部门开放。通过高德数据信息的共享，我们不难发现其所利用的也是资源的公众化，只不过它是把资源转化成了数据。

由此我们可以看出，"互联网 + 城市交通"的方式并不是对原有交通体系的颠覆，而是它在对公共资源进行结构优化升级、提高分配效率的同时，并没有给整个交通系统带来很大影响。除了能够密切贴近公众生活的交通电台之外，政府部门也可以充分利用数据，例如，交通部门通过数据分析酌情进行交通项目规划、更加有效地配置出勤警力等。

总之，"互联网 + 城市交通"的本质就是资源公有化和数据公有化的有效结合，只有当这两个维度能够真正实现私有向公有的转变，"互联网 +"才能实现其真正的价值，城市的交通现状也会得到有效改善。正如人与人之间的互相帮助能使事情事半功倍，资源和数据的共享也会起到"1+1>2"的作用，"共享经济"最大的价值正在于此。

1.1.4 "互联网 + 城市交通"的现实应用

自 2015 年 3 月国家正式提出"互联网 +"行动计划以来，互联网已经加速应用融合到了社会经济和生活的各个领域，并产生了广泛深刻的影响。就交通领域而言，已经有多个城市进行了"互联网 + 交通"的转型升级，加快推进城市智能交通系统的发展完善，增强城市交通的管控能力。

杭州市建立了"一个中心、三个系统"（交通指挥中心、交通管理信息系统、交通控制系统和交通工程类信息系统）的城市交通管控模式，通过不同部门的协同合作，增强对城市交通的管控能力和对突发事件的反应处理能力。

例如，如何以有限的警力应对日益复杂多变的城市交通状况，一直是各个城市探索的重要内容之一。对此，杭州市借助智能交通技术，实行集中调度指挥和信息预判制度。根据智能交通综合管控平台中的大数据信息，在交通压力较大或者突发事件较多的地区，进行分级预警和干预，提高警力的使用效率，有效解决上下班高峰和节假日期间的交通拥堵和安全问题。

具体来说，杭州市交警支队将传统的路面巡逻执勤模式，转变为包含交警支队视频作战室、交警大队分指挥室和交警中队数字勤务室的三级指挥系统模式。通过智能交通综合管控平台，对各地域的实时路况进行即时监控反馈，将"桌面"变成"路面"，实现对不同地域交通情况的预判和线上线下的即时联动，大大提高了警力调配效率，增强了对交通拥堵和突发事件的反应处理能力，更好地保障了城市交通的安全、畅通和有序。

在天津，"互联网 + 城市交通"则是其构建智慧城市、推进智慧出行的重要内容。通过对数字化交通管控系统、大数据分析平台、移动互联网等内容的构建整合，天津市将实现人、路、车辆、信息、服务等多方面的即时连接和高效匹配，打造集航空、铁路、出租车、公交车、私家车等多种出行方式于一体的综合性交通服务平台，优化人们的出行体验，塑造新的城市生态系统，真正实现智慧出行。

在天津市"互联网 + 城市交通"模式的战略构想中，将主要通过"两个系统"

和"两个平台"的构建来推动新型智能交通系统的建设。

"两个系统"即交通指挥调度系统和交通信息服务系统：前者能够提高交管部门对交通拥堵和突发事件的处理效率；后者则有利于实现不同管理部门间的信息共享，从而为市民提供更优质的出行和生活服务。"两个平台"是指大数据处理平台和设备运行维护管理平台，它们能够为智能交通系统的运行提供更加精确的数据支持和运行管理保障。

在更为具体的层面，天津市将对城市交通系统中的各个层面进行电子化、信息化的升降改造，全面推进"智能交通"服务体系的建设。例如，将传统公交站牌升级为电子站牌，提供公交信息实时查询服务，建设移动支付和统一结算平台，完善城市车联网系统平台，实现车辆和路况的智能识别等。

当前，我国城市交通面临着诸多问题，特别是随着城镇化进程的加快以及城市车辆的爆发式增多，造成了城市交通拥堵严重、交通事故频发、环境污染加剧，严重影响了人们的日常生活和出行体验。

另一方面，"互联网+"时代的到来，为我国的城市发展带来了新的契机。"互联网+交通"的深度融合，能够推动我国在老城改造和新城建设中，更好地构建出城市智能交通系统，从而有效解决当前城市发展面临的各种出行问题，实现生态城市、智慧城市的发展目标。

简单来看，"互联网+交通"的发展趋势如下。

1）借助大数据技术，增强城市公共交通系统的服务能力，打造生态、便捷、经济的公共交通服务系统，引导居民培养借助公共交通出行的习惯，减少私车数量，缓解交通压力。

2）借助智能交通技术手段，增强相关部门的管理能力，建立线上线下即时有效的联动机制，优化配置各种道路资源，提高城市道路系统的整体利用效率。

3）借助先进的互联网技术手段，如交通信号、交通诱导和交通违法自动识别等系统，实现对车辆通行、违规行车、车辆停驶等方面的有效管理，打造更加顺畅、安全、有序的城市交通系统。

1.2 "互联网＋便捷交通"：开启智能出行新模式

1.2.1 "互联网＋便捷交通"的4种模式

2015年6月，中国交通运输部部长杨传堂在一次电视电话会议中表示，积极推进"互联网＋便捷交通"专项行动计划，大力支持以市场为主体开展各种基于移动互联网的出行及物流信息服务，逐步建立绿色交通发展制度体系，这使得与出行领域的相关企业大受鼓舞。

"互联网＋便捷交通"是将互联网产业与传统的交通出行相融合，运用大数据、云计算、物联网等先进技术，优化资源配置，打造成"线下高效稳定通行，线上流量合理分配"的新型互联网交通出行业态，为广大消费者提供方便、快捷的出行解决方案。

自2012年起，国内交通出行领域开始出现"互联网＋便捷交通"模式，概括起来不外乎以下4种，如图1-3所示。

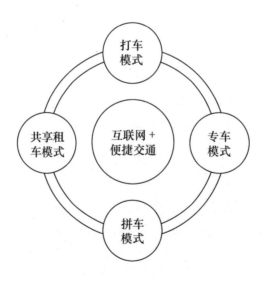

图1-3 "互联网＋便捷交通"的4种模式

（1）打车模式

打车模式利用移动互联网技术，消费者通过移动终端在线下单，司机结合自己的位置选择合适的订单，从而实现出行需求与出租车资源的有效对接。打车模式最为典型的代表就是滴滴打车与快的打车（2015年2月二者合并），它有效节约了司机与乘客的时间，降低了空载率，受到了广大司机与消费者的一致认可。

2015年8月，由艾媒咨询发布的《2015年中国"互联网+"出行研究报告》表明，2014年中国移动出行用户规模达到2.11亿人，2015年这一数字达到2.69亿人。2015年上半年，国内移动打车应用用户叫车频率每周3次及以上的用户比例为22.4%，叫车频率每周1～2次的用户比例为19.9%。

（2）专车模式

专车模式整合了私家车资源与传统租赁汽车资源，用户在移动终端上在线下单，专车司机负责接单。这种模式最为显著的特点在于汽车较为高端、服务质量高、费用较高，能够充分满足高端用户出行的需求。Uber、滴滴专车、易到用车是专车模式的典型代表。

易观智库发布的数据表明，2015年第三季度，滴滴专车（含1号专车）以83.2%的市场占有率稳居中国专车服务活跃用户覆盖率排行榜榜首，第二名是Uber为16.2%，第三名则是神州专车为13.4%。

（3）拼车模式

拼车模式整合了私家车资源，通过移动终端用户与私家车车主达成合作出行"协议"，双方共同分担出行成本。拼车模式的车辆主要是经济车型，乘车费用相对较低，用户只需要支付合理的油耗费用、过桥费用等出行成本。它满足了城市职场人员上下班的乘车需求，滴滴顺风车、嘀嗒拼车、天天用车是拼车模式的典型代表。

2015年11月27日，易观智库发布的《2015年Q3国内拼车市场监测报告》显示，滴滴顺风车、嘀嗒拼车、天天用车占据了拼车市场绝大部分市场份额：滴滴顺风车的市场占有率达到了69.0%，处于绝对的领先地位；嘀嗒拼车以 20.9% 的市场占有率稳居第二名；排名第三的天天用车的市场份额为 4.4%。

（4）共享租车模式

共享租车模式有效利用了大量闲置的私家车资源，通过第三方服务商提供的在线交流平台，车主与用户在线上达成车辆租赁交易，用户可以获得汽车的使用权，而车主能获得数量可观的租金收益。这一模式通过对供需双方的有效对接，实现了资源的有效配置。PP 租车、宝驾租车和凹凸共享租车是共享租车模式的典型代表。

共享租车模式是共享经济在租车出行领域的延伸，它颠覆了传统的产权模式，将车辆的使用权与拥有权有效分离。它通过车辆共享，减少了资源的浪费，有效提升了闲置资源的利用率，为缓解城市交通拥堵问题提供了一种有效的解决方案。

2014 年 7 月，PP 租车在其举行的发布会上表示，PP 租车平台拥有 18 万辆注册车辆，月均交易额以 50% 的增幅稳步增长。从交易额的角度来看，PP 租车以 95% 的市场占有率几乎垄断了国内 P2P 租车市场。但这并不意味着 PP 租车可以高枕无忧，目前，国内的共享租车市场渗透率较低，业务仅覆盖了国内部分一线城市。2015 年 11 月，凹凸租车完成 B 轮 3 亿美元融资，获得巨额资本注入的凹凸租车无疑会对 PP 租车的龙头地位发起挑战。

4 种互联网交通出行模式的相同点在于都是通过移动互联网、大数据、云计算技术，实现了信息的实时交互，使大量的出行资源能够对接消费者的需求，从而形成了一个多方共赢的局面。从某种角度上说，"互联网 +"所创造的最大价值就是实现了人类社会各个领域的有效连接。

同样，这 4 种互联网交通出行模式也存在以下两个方面的差异。

1）整合的汽车资源有明显区别

打车模式提升了传统出租车资源的利用率；专车模式则提升了私家车资源以及传统租赁汽车资源的利用率；拼车模式与共享租车模式都提升了私家车资源的利用率。

2）性质存在明显差异

打车模式只是通过移动互联网提升了用户与出租车司机的连接效率，没有涉及传统出租车商业模式的变化；专车模式与拼车模式拓展了出行市场，使更多的私家车车主能够参与进来，创造了更大的价值；共享租车模式颠覆了传统产权模式，迎合了共享经济时代拥有权与使用权分离的时代特征。

在工业4.0时代，人们的出行将朝着智能化及自动化的方向发展。以谷歌为代表的移动互联网时代科技领军企业正在大力研发全自动无人驾驶汽车，可以预见的是，人们的交通出行必将因此发生巨大的改变。

1.2.2 "互联网 + 便捷交通"的战略意义

互联网交通出行模式的出现，改变了人类近百年的传统出行方式，更引发了传统出租车管理体制的变革，因此受到了各个国家的广泛关注。未来，它在提升人们生活质量、推动国民经济发展等方面的优势将得以完美体现。"互联网 + 便捷交通"的战略意义如图1-4所示。

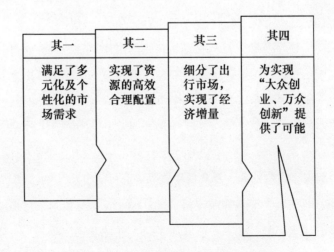

图1-4 "互联网 + 便捷交通"的战略意义

（1）满足了多元化及个性化的市场需求

近年来，人们对传统出行模式积累的不满已经达到较高水平，打车难、体验差、性价比低等问题严重制约了出行市场的发展。

"互联网＋便捷交通"模式的出现，充分满足了人们个性化以及差异化的出行需求。有商务需求的消费者可以选择专车模式；追求经济实用的消费者可以选择拼车模式；喜爱出行旅游的消费者可以选择共享租车模式。

（2）实现了资源的高效合理配置

移动互联网、大数据及云计算等技术的运用，使用户出行路线、价格策略、车辆匹配等得到优化，通过商家提供的交流平台，人们的出行需求与市场供给能有效对接，从而使市场的资源配置更加高效。

"互联网＋便捷交通"的运营模式实现了传统出租车资源与用户需求的有效连接，使困扰人们出行的打车难、出租车空载率高等问题得到有效解决。另外，更多的私家车能够参与到出行领域的价值创造过程中来，大幅度提升了私家车资源的有效利用率。

（3）细分了出行市场，实现了经济增量

传统招手打出租车的模式将会被逐渐淘汰，专车、拼车、共享租车等新业态的出现，使出行市场更加细分化，拓展了出行产业链的深度及广度。此外，更为多元化的出行模式的出现，提升了用户乘车出行的比例，带动了整个出行市场的消费增长，为国民经济的发展注入了新的活力。

艾瑞咨询在其发布的《2014 年中国智能用车市场研究报告》中，对 2016 年在线用车市场规模进行了评估：预计到 2016 年，中国在线用车市场规模将达到80 亿元。

（4）为实现"大众创业、万众创新"提供了可能

李克强总理在两会期间强调要将"大众创业、万众创新"打造成为中国经济持续发展的"双引擎"之一。在"互联网＋便捷交通"模式下，各种新业态用车平台的出现，正表现出了移动互联网时代共享经济的崛起。

共享经济模式的出现，顺应了市场经济的发展潮流，对人们思维模式的深刻变革将会为"大众创业、万众创新"的实现打下坚实的基础。

1.2.3 "互联网 + 便捷交通"的 4 个趋势

(1)"互联网 + 便捷交通"产业格局基本确定

经过各大平台几年的激烈厮杀,"互联网 + 便捷交通"的产业格局已基本成型,未来市场中的竞争将围绕着几大资本巨头展开。腾讯投资的滴滴打车与阿里投资的快的打车原本是最大的竞争对手,谁又能想到两者会在 2015 年 2 月宣布合并,这也宣告着互联网打车市场作为一个超级巨无霸的诞生。

作为 BAT 三巨头的百度也不甘落后,在入股以 51 用车、易道用车为代表的国内用车平台的同时,也与强势进入中国市场的 Uber 展开战略合作,争取在"互联网 + 便捷交通领域"夺得领先优势。

事实告诉我们,在"互联网 +"时代,以技术为核心的产品及业务模式最终都会形成几家独大的局面。"互联网 + 便捷交通"模式自然也摆脱不了这一命运。只有快速抢占市场份额并实现长期稳定增长的企业,才能拥有绝对的话语权,而这一切的背后都是靠庞大的资金作为支撑,融资能力不足的中小企业在这场资本游戏中很难生存。

2015 年 6 月 5 日,爱拼车正式关闭了服务器,融资失败的爱拼车在烧钱大战中以失败而告终;2015 年 7 月 1 日,Cocar 租车正式停止了租车服务;考拉班车 CEO 张敏在融资无望的局面下,于 2015 年 9 月 11 日宣布考拉班车正式停止运营,公司业务将由滴滴巴士全面接管。

(2)新兴商业模式与旧有制度形态之争愈演愈烈

打破了原有的利益格局的"互联网 + 便捷交通"模式,在国内的发展中也遭遇了诸多难题。近年来,专车与出租车冲突的事件屡见不鲜,一些地方政府在对待这一新兴经济模式的态度方面也存在较大的差异。

但是这种顺应时代发展、满足用户个性化及多元化需求的新型商业模式,也开始被国内社会及政府接受,这对原有的传统出租车市场格局产生了巨大的影响。

2014 年 11 月底，交通部对移动互联网与传统运输行业的结合给出了明确的指示，未来将鼓励广大企业在这一领域的创新发展，全力建设"大众创业、万众创新"新平台，引导企业拓展细分市场，打造多层次、个性化的服务体系。

2015 年 5 月，浙江义乌公布了《出租汽车行业改革工作方案》，将从 2018 年开始逐步开放出租汽车市场准入以及出租汽车数量控制，优化出租汽车市场资源配置。此外，还支持并引导线上约租车平台，使移动互联网在与出租车行业的深度融合中为经济的发展做出巨大的贡献。

（3）现实需求对规范构建形成倒逼之势，相应法律、政策不断完善

最近，不断曝光的专车与出租车之间的利益冲突，使"互联网＋便捷交通"模式成为各方关注的焦点。政府需要尝试对相关的政策及法律进行调整，从而能更好地满足人们的生活需求，为出行市场的健康稳定发展扫清障碍。

让"互联网＋便捷交通"模式的国内企业大受鼓舞的是，无论是中央还是地方，都在积极探索、尝试突破。2015 年 1 月，交通运输部对专车模式给予了充分的肯定，表示这一模式在满足多元化、差异化、高品质的运输需求方面具有积极的作用。

2015 年 6 月 1 日，由上海市交通委员会、上海四大出租车公司及滴滴合作开发的"上海出租汽车信息服务平台"正式开始运营。上海市交通委员会还与滴滴联合成立专门工作组，着力解决专车模式、拼车模式的经营资质问题。2015 年 6 月 9 日，广州市交通委表示，广州官方首个约租车平台"如约"正式开始内测，相关的约租车管理办法也正在研讨之中。

（4）平台安全保障措施不断加强，行业内生规则明显

2015 年 3 月，合并后的滴滴与快的为了规范互联网专车运营模式，共同发布了《互联网专车服务管理及乘客安全保障标准》，将从多个方面对互联网专车进行管理，充分保证用户享受到安全舒适的乘车体验。

1）对专车司机以及运营车辆将进行严格的把关。专车司机要经过层层考核，设定笔试、面试、培训等多个考核环节，考核通过后才能上岗；运营车辆将进行严格的审查，不允许不符合标准的车辆进入专车市场。

2）应用 LBS 技术对运营车辆进行实时动态监管，从用户下单到最终交易完成都将得到保护。此外，还将对司机的服务记录、驾驶路线、驾驶时间、服务态度等进行有效监管。

3）通过线上平台建立完善的乘客与司机双向评价体系。

4）建立先行赔付保障机制。通过成立专项基金，与保险机构合作，在发生意外事故后，将由专项基金先行给予赔偿，从而充分保护司机与乘客的合法权益。

5）充分保障用户信息安全，引入更为先进的技术手段，有效规避用户数据泄露的风险。

在政府部门尚未给出明确的规范之前，总结行业发展中的经验后制定出的这些规则，将在"互联网 + 便捷交通"领域发挥出巨大的作用，并为政府部门的政策制定提供有价值的参考。

1.2.4　"互联网 + 便捷交通"的对策建议

（1）要发挥市场在资源配置中的决定性作用

"互联网 + 便捷交通"模式的出现，为国内的出行市场发展带来了重大机遇。政府部门应该在有序推进的基础上，放宽出租车牌照及出租车数量等方面的限制，积极推进传统出行领域的变革，为互联网交通出行模式新业态的发展营造良好的环境，逐渐形成由市场调节的出行领域准入与退出机制，使市场在资源配置中的决定性作用得到完美体现。

（2）建立科学合理的平台责任制度

各大用车平台作为实现"互联网 + 便捷交通"的有效载体，必须在为自己创造价值的基础上承担一定的义务与责任。在平台运营中，各大平台要认真履行以下 3 个方面的义务。

1）**审查义务**。平台必须建立完善的内部规章制度，对司机与运营车辆进行严格的审查，从源头上有效避免一些意外事故的发生。

2）**协调义务**。在发生意外情况时，平台要敢于担当，充分发挥自己的资源优势，推动各方进行交流沟通，协助有关部门明确各方的责任，并竭力做好后续服务，使各方损失降至最低。

3）配合义务。在出现交通事故时，平台要对用户负责，为用户提供必要的相关信息，从而充分保障用户的合法权益。另外，在相关部门进行调查时，平台应该密切配合，给予有效帮助。

（3）与传统出行模式共生共存

规模如此庞大的国内出行市场，无论是传统出行模式，还是新兴的"互联网 + 便捷交通"模式，都无法满足当前人们日益多元化及差异化的出行需求。因此，这两种模式在国内市场中都存在着广阔的生存空间，两者可以在合作与竞争中找到利益的平衡点，从而通过为消费者提供更为优质、高效的出行解决方案，形成多方共赢的局面。

我们应该学习并借鉴互联网在其他领域的发展经验，理清传统出行模式与"互联网 + 便捷交通"模式的关系，将"互联网 + 便捷交通"这一新兴业态定位为传统出行业态的有效补充，从而使企业之间形成差异化竞争，引导企业积极拓展出行产业链的细分领域，使企业以优质的服务赢得消费者的尊重与认可，最终推动出行市场健康而稳定地发展。

"互联网 + 便捷交通"模式的出现，为满足人们多元化的出行需求提供了一种有效的解决方案，在提升人们生活质量及推动经济发展中将发挥出巨大的作用。想要在这一领域掘金的企业，必须顺应时代的发展潮流，积极拥抱变革，通过创新发展实现各方利益的平衡，最终为企业谋求一条适合自身发展的道路。

1.3 "互联网 +"构筑智能交通新生态

1.3.1 交通新生态：需求响应式公共交通

自 2015 年 3 月，李克强总理在政府工作报告中提出"互联网 +"行动计划以来，"互联网 +"开始在各个领域内实现了渗透与融合，公共交通作为一个城市的重要组成部分自然也在其中。随着经济发展水平的提高，人们开始对赖以生存的生活环境提出了更高的要求，为了改善空气质量，缓解交通压力，政府积极倡导人们乘坐公共交通工具出行，将公共交通系统的建设工作推到了一个快速发展的阶段。

而传统公交系统换乘不便、站点规划不合理以及到站时间误差大等问题，为市民的出行造成了极大的不便，这也为新型公共交通系统的出现提供了重要的驱动力量。

在 2015 年年初的政府工作报告中，国家交通运输部部长杨传堂阐述了交通领域的下一个工作目标，即要积极推动互联网在交通领域的应用，推动产业结构调整，促进交通产业结构的优化升级，推进区域交通协同发展，进一步加快互联网与交通运输领域融合的步伐，实现"绿色交通"，为市民创造一种更加便捷的出行方式。

于是，在政策的支持下，"互联网＋"在公共交通领域的渗透变得更加顺理成章，并由此诞生了滴滴巴士、考拉巴士、嗒嗒巴士、接我云班车以及官方定制公交等多家互联网巴士。嗒嗒巴士手机客户端页面如图 1-5 所示。互联网巴士充分发挥了互联网对信息的高效匹配能力，创造了一种"专座直达，为你而开"的新型出行方式，并凭借其快捷、廉价、透明以及方便等优势获得了大批市民的青睐，以互联网为核心的新型公共交通生态圈开始初见端倪。

随着互联网的快速发展以及大数据等技术水平的不断提升和广泛应用，公共交通以及交通运输领域正在经历一场深刻的变革，这与移动互联网技术的爆发式发展也有密切的关系。互联网与公共交通领域的深度融合为人们带来了一种创新的交通模式——需求响应式公共交通体系（DRT），为人们营造了一种全新的出行体验。

要提高公共交通的运营效率，除了改善交通系统达到缩短出行时间及距离的方法之外，还需要大力推进公共交通系统的建设，鼓励人们选择公共交通工具出行，从而有效缓解道路交通系统的压力，促进交通运输系统的可持续发展。

需求响应式公交作为互联网时代下诞生的一种新型公共运输模式，在社会上引起了广泛的讨论和关注。需求响应式公交的最大优势就在于公交车辆的运营时间以及路线都可以由调度中心根据用户的预订需求进行优化，真正为用户提供了一种定制化的公共出行路线。

图 1-5　嗒嗒巴士手机客户端页面

　　从概念上讲，需求响应式公共运输服务是一种以乘客需求为核心的弹性运输服务，打破了路线以及班次的限制，为乘客定制个性化的运输路线以及时刻表，并由运输经营者调配车辆为乘客提供运输服务。

这种公共运输模式不受固定运营路线以及运营时间的限制，以乘客需求为导向，实现了个性化的运营，因此这种弹性的运输方式也被称之为非定线或柔性公共交通。这种私人订制的公共交通运输服务是传统公共运输的一种良好补充。

需求响应式交通的出现不仅符合社会智能化、集约化以及节约化的趋势，同时也满足了人们对个性化以及定制化的需求，定制公交以及定制巴士的运营模式就是一种典型的代表，而这种公共交通运输模式的出现也标志着我国的公共交通领域正式迈入跨越式发展的阶段。

1.3.2 "互联网＋"时代的定制公交模式

发达、高效的交通运输系统是促进城市经济发展、提高人民生活水平的基础条件。因此，怎样降低私人交通工具尤其是小汽车的出行，就成了提高城市交通运输系统运营效率的当务之急。政府也一直将其视为交通规划领域的重点问题，而互联网定制公交的出现为这个问题的解决提供了一剂良药。

定制公交和定制巴士充分利用了互联网平台的桥梁作用，与用户实现了连接，从而达成共享交通工具的目的。互联网企业致力于运用开放、平等、合作的用户思维，以用户需求为导向，创造一种极致的出行体验。

与拼车市场上比较火爆的顺风车、嘀嗒拼车等小型拼车服务相比，互联网巴士的拼车费用更低，可乘载的人数更多，可以满足大多数上班族的乘车需求。互联网巴士凭借其舒适的乘车环境、低廉的价格以及便捷的预订方式受到了越来越多上班族的追捧和热爱。

Ⓟ -

2015 年 7 月 8 日，在距离本轮融资开启不到两周的时间里，滴滴快的就宣布正式完成了 20 亿美元的融资，此次融资的金额将广泛覆盖到滴滴快的关于出行的 6 条 O2O 业务线上，其中的互联网巴士业务被视为一个重要的业务单元。

2015 年 7 月 16 日，滴滴快的推出的"定制巴士"业务在北京和深圳正式上线运营，用户只要添加"滴滴巴士"微信公众号，就可以直接在公众号中购票乘坐。背靠滴滴快的庞大的用户基数，滴滴巴士在上线运营仅一个月的时间里，就已经开通了 500 多条线路，平均上座率达到了 60% 以上，重复乘坐率高达 80%，定制巴士的火热足以窥见一斑。

2015 年 9 月 10 日，滴滴快的正式与宇通客车联手，双方将就"互联网＋公交"、新能源巴士、汽车金融、二手巴士处置回购等领域开展战略合作。

此次双方的合作将会引领"互联网＋客车企业"的行业新风尚，也为宇通客车在传统产业方面优势资源的开发和提升提供了重要的驱动力。宇通客车通过与滴滴快的的战略合作在"互联网＋"的转型道路上迈出了重要的一步，同时也为宇通客车在新能源巴士、车联网无人驾驶等客车智能化方面的发展注入了更多的新动力，提高了宇通客车在产业方面的资源优势，并将这种优势更好地应用在了传统客车运营企业的转型中。而互联网巴士模式的出现能够为传统客车运营企业在"互联网＋"时代的转型带来更多的机会，同时也可以让用户有机会享受到更便捷、舒适的出行服务。

在宇通客车之前，国内也有其他的客车运营企业在积极试水"互联网＋"。2015 年 7 月，上海申龙客车有限公司、厦门金龙旅行车有限公司与以"互联网＋巴士平台"为核心的巴哥租车达成战略合作，前者将以资金以及车辆等形式战略入股巴哥租车，并就"互联网＋巴士"领域的开发建立统一战线，致力于为用户创造一种高效、便捷、安全以及高品质的巴士出行方式。

客车企业与互联网企业的战略合作，对双方来说都是一件互利共赢的事情：一方面为传统客车运营企业的战略转型创造了有利的条件；另一方面也为互联网公司的运营提供了重要的产业资源。而对乘客来说，他们也获得了更加便利以及快捷的出行方式。国内客车龙头企业在"互联网＋"领域的尝试也将进一步推动互联网巴士生态圈的良性扩张。

随着人们对社会可持续发展目标的不懈追求、交通市场个性化需求的日益高涨以及信息技术水平的不断提高，定制化公共交通模式开始在众人的期待以及呼声中如火如荼地开展起来。然而需求响应式公交的实现需要有远程通信技术、全球定位系统、地理信息系统等先进技术的支持，同时还需要有现代化的出行调动中心以及通信网络和车队。

运营者在为乘客提供满意服务的同时还需要保证能够在低成本的状态下实现车辆的优化调度，而这一目标的实现离不开良好的交通环境以及服务车辆的正点运行，因此这种定制化公共交通模式目前只适用于网络、通信技术发达以及车辆资源丰富的大中城市。

我国政府和企业在联合推广这种公共交通模式上的决心是前所未有的，我国的定制化公共交通产业的发展潜力开始崭露头角。今后，如果能坚定不移地坚持科学、可持续的发展原则，我国的定制化公共交通产业的未来必将迎来一片光明。

1.3.3 "互联网 +" 时代的智能交通产品

随着科技的进一步发展，智能交通系统开始被广泛应用。众多互联网企业及物联网运营商在发现了这一重大的市场机遇后，开始大力研发基于大数据、云计算、物联网及 LBS 的智能交通解决方案。

移动互联网智能交通领域，互联网企业一贯沿用的"培养用户、提供产品及服务、价值变现"的商业逻辑仍然适用。在现阶段，企业可以提供的移动互联网智能交通产品及服务主要包括出租车、公交车、物流配送及智能停车等，这些产品及服务的创新发展引发了传统交通行业的巨大变革。

由于法律法规的限制，一些移动互联网智能交通产品的商业模式必须要做出相应的调整。但也正是这些全新商业模式的出现，为政府部门变革传统交通行业管理模式提供了新的思路。城市公共交通管理职能划至交通部后，这种商业模式的创新发展为监管机构完善相关制度提供了重要参考。

以往基于动态交通路况信息的移动互联产品，其大部分数据来自出租车公司提供的浮动车数据，另外一部分数据则来自于政府部门提供的一些定点采集数据。随着这类产品的不断发展，其数据源有了很大程度的创新，企业开始拥有了自己可靠而又稳定的数据来源，从而有效减少了企业对其他机构的依赖。

在移动互联网智能交通产品发展的初期，需要政府管理部门及社会组织机构给予充分的支持与引导。想要在移动互联网智能交通领域中掘金的企业，可以从以下两个方面来进行产品研发，如图 1-6 所示。

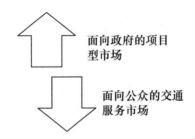

面向政府的项目型市场

面向公众的交通服务市场

图 1-6 互联网智能交通产品研发的两大切入点

（1）面向政府的项目型市场

政府除了要在宏观上调控交通行业发展以外，同样需要将自己所掌握的大量实时数据向居民推广，改善人们的生活质量。例如，各个地方政府可以开通微信、微博公众账号，以及能在移动终端上实时查看路况信息的 App 应用等。

由于政府的权威性及强大影响力，如果企业能够在这一市场中抢占先机，必定会为企业的发展注入源源不断的活力。

（2）面向公众的交通服务市场

传统的智能交通企业在这个领域也进行了一系列尝试，但由于多种因素的限制，目前此领域尚无较为成功的企业。传统智能交通企业的客户主要是政府机构，要转变市场定位、生产服务大众的产品，则意味着以往的企业内部运营机制、发展战略及企业文化等都需要做出重大调整。此外，由于这种业务需要长期投入大量资源、盈利空间尚不清晰等缺陷，许多企业选择了中途退出。

传统智能交通企业需要在出行服务产品领域进行创新发展，而作为监管机构的交通运输部门，必须进一步尝试开放相关的数据资源，通过政府部门及企业之间的深度合作，从而生产出更具个性化及定制化的交通信息服务产品。

城市智能交通市场中的交通信号灯、视频监控、电子警察等产品的研发周期较长，技术发展较为缓慢，而且由于众多竞争对手的加入，产品的利润空间大幅度下降。为了提升企业的盈利能力，建立核心竞争优势，避免企业进入产品同质化所导致的恶性价格战中，企业需要不断拓展新业务，发掘更多的潜在价值。

近年来，移动互联网智能交通产品成为传统智能交通企业关注的一大热点，面向政府部门的移动交通指挥、移动视频监管、远程执法等移动互联网智能交通产品开始大量涌现。

虽然许多传统智能交通企业已经开始积极发展移动互联网智能交通产品，但是从实际效果来看，企业研发的应用产品存在缺乏统一的标准、服务范围小、产品功能单一等多种缺陷，严重限制了企业规模的进一步发展。而且这些移动应用产品的消费者几乎都是政府部门，服务范围仅限于交通管理领域，缺乏统一标准，很难在不同的地区实现快速复制。

国内智能交通企业主要集中于道路监控、高速公路收费及系统集成等领域，其中仅在道路监控行业就有 500 多家企业，激烈的市场竞争使整个智能交通企业的盈利水平普遍较低，不过作为一个能够改善居民生活质量、提升交通出行效率的服务产业，其未来将会有广阔的市场前景。

对于传统智能交通企业来说，最关键的是要运用移动互联网思维，在智能交通产品中尝试融入旅游、购物、娱乐等更多的消费元素，在提升用户体验的同时，也为企业创造了更大的价值。

1.3.4 "互联网 + 便捷交通"的未来发展方向

"互联网 + 便捷交通"未来主要致力于促进互联网价值在交通领域的进一步发挥，在两者深度融合的基础上促使基础设施、运输工具、运输转接点等环节的互联网化，利用互联网平台提高交通运输业的管理效率以及精细化程度，不断提升行业服务品质，促进其走上科学发展的道路。

（1）提升整个交通运输行业的服务品质

1）政府加快相关法律法规建设，促进交通数据开放，为出行提供信息保障。相关交通主管部门和企业应当进一步推进服务型数据的社会开放程度，为服务信息资源的共享和交流提供开放的环境。允许和鼓励互联网平台为公众提供查询交通线路、交通拥堵情况、公交车到站情况等服务，推动互联网平台与交通出行之间的对接。

2）加强汽车维修服务、信息统计等服务平台建设，建立完善的汽车健康档案。汽车维修与交通安全息息相关，同时也关系到大气污染、生活质量、人们出行的体验程度等，最终影响到交通业的持续健康发展。因此要维护汽车维修行业的良性竞争，在推动维修信息公开化的基础上确保维修企业能够公平公开地享受汽车生产企业所提供的维修信息。

（2）推进交通信息资源在线

1）发挥移动物联网的作用，针对交通信息要素资源进行收集，在铁路、民航、城市交通等领域推进物联网示范工作。目前，该工作已经初见成效，在跨运输方式、跨地域运输等方面取得了不错的效果。

2）未来要在跨交通工具、跨地域等交通运输上加大投入，推动其智能化发展。船舶、航空、公路等不同交通运输方式以及不同地域之间实现信息资源共享，有利于整个综合交通的统筹发展，合理利用多项资源，提高感知灵敏度，督促资源要素的在线，为灵活的调配与预警及时提供保障。

（3）以科学手段治理交通运输

1）最大限度地发挥大数据在交通运输业的价值，为交通运输设施的建设、规划、维护等提供科学的支持。促进交通运输部门与互联网的深度合作，利用互联网共享平台为交通管理部门搭建大数据共享渠道，从而以此为依据对公众出行的规律和需求、枢纽客流的规模等进行分析，缓解交通压力，优化交通建设，为交通出行的安全、运输管理的科学化提供数据支撑。

2）交通运输的违章行为也需要借助网络信息手段的帮助。智能化监控提高了交通管理的效率和科学性，不仅大大减轻了人力，而且能够提供24小时全天候服务，建立完善的监管网络，提高交通管理服务的水平。

1.4 BAT 三巨头的城市交通 O2O 布局

1.4.1 城市交通 O2O 模式的崛起

城市经济在实现飞速发展的同时，也使得城市的交通问题日益严峻。出行难开始在各大中小城市轮番上演，而城市交通 O2O 的出现和兴起有效缓解了这一问题。一时间，各种打车、拼车以及专车软件铺天盖地地向人们涌来，成为了城市中一道亮丽的风景线。

（1）推动城市交通 O2O 崛起的因素

城市交通 O2O 之所以能够迅速崛起，我认为可以归结为以下 4 个原因。

1）从消费者的角度来看

我国的大多数人口都主要分布在经济比较发达的一、二线城市，因此这些城市也就有比较大的交通市场需求。随着时代的演进，80 后、90 后逐渐成为城市的主流群体，相对于老一辈的群体，他们更容易接受一些新奇的移动互联网产品，因此当各大城市交通 O2O 软件开展激烈的烧钱补贴大战的时候，80 后、90 后们也乐于坐收渔翁之利，而各大城市交通 O2O 软件也通过烧钱补贴在一定程度上培养了用户的消费习惯，开始在人们的生活中发挥日益重要的作用。

2）从国内司机的角度来看

使用各种拼车、打车、代驾等软件，可以为他们带来更多的用户，获得更高的收入，因此他们也乐意使用叫车软件来抢单，这大大增强了软件的用户活跃度。与此同时，各种叫车软件为了抢占市场份额为司机提供了大量补贴，这对于司机来说也是一种诱惑。有的司机为了能够获得额外的补贴，甚至鼓励消费者通过叫车软件来消费，在一定程度上拉动了市场需求的增长。

3）从技术的角度来看

LBS 技术、云计算、大数据等技术的不断发展和成熟，也为各种城市交通 O2O 软件的日渐完善提供了重要的技术支持。特别是基于地图的 LBS 是支撑城市交通 O2O 软件的关键技术，高德地图、百度地图、腾讯地图、搜狗地图就这一市场已经展开了激烈的角逐，从而有效推动了城市交通 O2O 的发展。

4）从资本市场的角度来看

城市交通 O2O 巨大的市场空间以及高频次消费引起了各大投资机构以及三大巨头 BAT 的关注，并获得了巨额的资金支持。在资本市场看来，以城市交通 O2O 为核心开展生活服务领域的布局具有较大的成长空间以及光明的发展前景。

纵观城市交通 O2O 中的拼车、打车、代驾、专车、巴士等领域，确实出现了比较优秀的垂直 O2O 平台，如滴滴出行、Uber、e 代驾等，但是这些垂直 O2O 平台激烈角逐的背后，各商业巨头扮演了重要的角色。

（2）BAT 在城市交通 O2O 的布局

互联网三巨头 BAT 是怎样在城市交通 O2O 领域开展布局的呢？

1）B2C 专车领域： 阿里、腾讯通过支持快的以及滴滴，分别推出了 1 号专车以及滴滴专车。

2）专车领域： 百度战略投资 Uber。

3）拼车领域： 滴滴上线了拼车业务，百度投资了 51 用车和天天用车，同时上线了百度地图顺风车。

4）打车领域： 阿里、腾讯通过对快的和滴滴的支持，基本瓜分了整个打车市场。

5）大巴领域： 借助滴滴快的推出的大巴车业务，阿里、腾讯开启了在大巴领域开疆拓土的战略计划。

6）代驾领域： 2015 年 7 月，酝酿已久的滴滴快的旗下的代驾业务正式上线；腾讯入股的 58 同城投资了 e 代驾；此前一直与 e 代驾存在合作关系的百度地图，在推出的百度地图全新改版中，高调地将代驾服务入口提前。

7）在地图与交通数据领域： 阿里通过收购高德地图，将其占有的全部市场份额牢牢掌握在了手中；腾讯以 11.73 亿元入股四维图新，占有总股本的 11.28%；百度旗下的百度地图，其数据一方面是自采，另一方面是源自其收购的长地万方，占据了 70% 的市场份额。

1.4.2 百度城市交通 O2O 的战略布局

（1）竞争优势

在城市交通 O2O 领域的布局中，百度的核心优势就在于百度地图，百度地图拥有 70% 的市场份额，在人们的生活中具有重要的作用，很多用户都会使用百度地图来进行车载导航以及寻找消费娱乐的地点，因此就必然存在一些出行需求，百度地图也就理所当然地成为了城市交通 O2O 的服务入口。

这种天然的入口优势是微信、支付宝等难以望其项背的。目前，用户通过百度地图可以享受顺风车、代驾以及专车等出行服务。

除了有百度地图这个天然的入口优势之外，搜索以及百度浏览器也是其强有力的优势。在应用分发渠道上，百度利用百度手机助手、91 助手以及安卓市场抢占了 41.2% 的市场份额，获得了庞大的用户流量，为百度在城市交通 O2O 服务领域的布局奠定了重要的用户基础。

百度凭借其在搜索、百度地图以及百度浏览器等方面的优势积累了大量的数据，通过对大数据的分析，可以更高效地实现智能匹配以及信息推送。城市交通 O2O 的核心问题在于怎样实现司机与用户之间的匹配，如果能够有效解决这一问题，那么必定会节省大量的成本，同时极大地提升效率，可以为用户提供更加便捷的出行服务。

（2）竞争劣势

相对于腾讯以及阿里来说，百度在城市交通 O2O 领域的布局时间要稍晚一些，而滴滴快的已经占领了打车市场的大半江山，百度失去了抢占先机的机会。

尽管从整个城市交通 O2O 的布局来看，百度相对于其他两巨头来说更有优势，但是要培养用户形成使用百度地图中出行 O2O 服务的习惯还需要一段时间，因此对百度来说，首当其冲的任务就是要想方设法地吸引以及留住用户，从而将更多的优势握在自己手中。

（3）机会

虽然在打车领域，面对滴滴快的的强势扩张，百度无力还击，但是在拼车、专车领域，百度通过投资 Uber、天天用车、51 用车，自营顺风车，与 e 代驾合作等，开辟出了属于自己的一片天地。

在大局未定的情况下，百度在城市交通 O2O 领域生态布局的优势为其成功增加了筹码。在城市交通 O2O 领域中兴起的代驾、巴士等业务，为百度带来了新机会，未来有可能成为百度业务模块中新的利润增长点。

（4）威胁

对百度来说，最大的威胁莫过于由阿里和腾讯扶持成长起来的滴滴快的平台，目前，也只有滴滴快的以及百度地图将来有可能成为城市交通 O2O 平台，二者将成为彼此最大的竞争对手。

1.4.3　阿里城市交通 O2O 的战略布局

（1）竞争优势

与腾讯和百度相比，阿里的核心优势就在于其移动支付模块，并借助快的力量率先迈到了城市交通 O2O 的支付环节上。支付宝作为阿里旗下强大的移动应用平台，本身就拥有一定规模的用户，为快的的发展奠定了重要的用户基础。

阿里收购的高德地图在国内地图领域排名第二，不仅拥有比较丰富的地图基础数据，也拥有众多与 LBS 相关的资质，同时可以为众多的 O2O 出行软件提供重要的地图 API 服务。

（2）竞争劣势

在应用分发上，腾讯有应用宝，百度有百度手机助手、91 助手等，相对而言，阿里在这方面就稍逊风骚，不能为城市交通 O2O 导入足够的流量，因此阿里在城市交通 O2O 的生态布局上只能依靠有一定发展规模的滴滴快的。

城市交通 O2O 的生态整合也是阿里的一个弱势环节，高德地图已经完全舍弃了接入 O2O，将精力集中在了 LBS 上，这必然会成为阿里在城市交通 O2O

布局的绊脚石。

（3）机会

从最开始滴滴和快的为了抢占打车市场份额而展开的烧钱大战就可以看出，阿里如果要加固支付宝的地位，就不能放弃布局 O2O。除了打车市场之外，拼车、专车、顺风车、代驾、租车等也都是城市交通 O2O 的组成部分，因此，阿里加强在城市交通 O2O 领域的生态布局对于支付宝地位的巩固也具有重要的意义。

（4）威胁

阿里在城市交通 O2O 领域发力就是为了能够巩固支付宝在支付领域的王者地位，因此阿里最强劲的对手自然非微信支付莫属。尽管如今滴滴和快的已经合为一家，但事实上两者在支付上仍然是分开的，微信接入的是滴滴，支付宝接入的是快的，也就是说两者仍然存在潜在的竞争关系，除了微信支付对支付宝的威胁之外，未来百度钱包也是撼动支付宝地位的一支不可忽视的力量。

通过对百度、腾讯和阿里在城市交通 O2O 的 SWOT 分析可以得出，事关城市交通 O2O 大战胜负的关键因素在于场景化入口。

腾讯以微信作为重要的导入入口，阿里则手握支付宝，两大平台都有一定规模的用户，并且具有较高的用户活跃度，两大平台都拥有一定的用户转化能力，但是场景化的入口还是略逊于地图。腾讯地图以及阿里收购的高德地图都鲜少接入与城市交通领域的出行服务，而百度地图则已经推出了专车、顺风车、拼车等具有丰富服务项目的场景化应用，用户的数量以及活跃度也比较高。

未来，百度地图有可能成为城市交通 O2O 领域最核心的平台之一，甚至有可能称霸整个城市交通 O2O 市场。

1.4.4 腾讯城市交通 O2O 的战略布局

（1）竞争优势

很多中小城市交通 O2O 应用之所以很快就在市场上销声匿迹，主要归咎于其缺乏必要的流量入口的支持，流量入口对于城市交通 O2O 应用的发展来说具有至关重要的作用。微信作为重要的流量入口，为腾讯支持的滴滴带去了大量的用户，而腾讯入股的 58 同城也拥有一定的用户基础，因此，单从入口上来看，腾讯就具有先天优势。

地图是城市交通 O2O 的重要组成部分，没有地图、LBS 等技术的支撑，也就没有城市交通 O2O 的崛起。腾讯通过入股四维图新，掌握了一定的地图数据。腾讯在 2012 年年底推出了街景地图服务，目前已经有 100 多个城市开通了街景图像，城市的街景图像对于腾讯在城市交通 O2O 的布局也具有重要的价值。

腾讯的应用宝在国内的应用分发市场上占据了 20% 的份额，为滴滴移动 App 的发展提供了重要的支持。同时，微信、手机 QQ 以及 QQ 浏览器等也都可以成为滴滴应用的分发和推广渠道。

（2）竞争劣势

在城市交通 O2O 的生态布局上，腾讯也存在短板，主要体现在缺乏必要的地图场景。腾讯地图除了为少量的微信用户提供相应的服务之外，没有在市场上培养使用习惯，而且腾讯地图未曾接入城市交通 O2O 服务，这也就很难与滴滴联手共建城市交通 O2O 生态闭环。

腾讯意图把微信、滴滴以及 58 同城整合在一起的想法并不现实，毋庸置疑，微信是一个强大的流量入口，但是要将其变成一个城市交通 O2O 生态平台，并充分发挥微信的流量优势，并不是一件容易的事。

（3）机会

目前，城市交通 O2O 正在进入一个快速发展的阶段，腾讯借助滴滴已经在打车领域拥有了绝对性的优势，而腾讯实力相对比较弱的专车、拼车、代驾和巴士等领域，还没有形成比较成熟的行业格局，腾讯还有机会在这些领域纵横驰骋，与其他巨头一较高下。

（4）威胁

滴滴与快的的合并，让腾讯和阿里在城市交通服务领域变成了一条船上的人，因此腾讯可以不用担心阿里在城市交通 O2O 领域的布局，而百度在城市交通 O2O 领域的广泛布局将会成为腾讯最大的威胁。

Chapter 2

第 2 章

移动互联网时代的交通运输

2.1　交通运输业转型升级的新引擎

2.1.1　颠覆 VS 变革：移动互联网时代的交通运输

在移动互联网时代，人们的出行方式更加强调多元化及个性化，租车、公交、购票、导航等与人们出行密切相关的领域发生了颠覆性变革，交通运输的五大趋势如图 2-1 所示。未来，由移动互联网所引发的交通运输产业的变革，将深刻影响人们的生活。

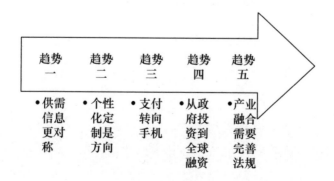

图 2-1　移动互联时代交通运输的五大趋势

（1）供需信息更对称

移动互联网的特征是最大程度上地打破了以往信息不对称的局面。交通运输领域的信息不对称性表现在多个方面，如司机与乘客之间的信息不对称、运货车辆与物流公司之间的信息不对称、快递人员与物流系统之间的信息不对性等。

移动互联网的出现使信息传递变得十分高效，而且成本几乎可以被忽略不计。由于信息的不对称性，而被长期压制的交通需求得以全面释放，并进一步推动了交通出行模式的创新发展，打车、拼车、专车、代驾、基于 LBS 的私家车送货等开始在人们的生活及工作中产生巨大的影响。

（2）个性化定制是方向

开放性、实时性、移动性是移动互联网的几个主要特征，也正是这些特征使交通出行领域的信息服务水平有了大幅度提升。随着人们出行需求的日益个性化与多样化，信息服务更加强调动态交互性、精准性及综合性，企业目前提供的服务已经逐渐无法适应这一发展趋势。

随着我国综合运输体系的不断完善，移动互联网在公共交通出行信息服务方面的应用将得到进一步深化，如信息数据的实时更新、内容的全面整合、服务的精细化、更具人性化的人机交互等。此外，移动互联网时代人们的消费更加个性化，企业对产品的用户进行精细化定位，从而使产品及服务实现定制化生产将成为企业成功的关键所在。

（3）支付转向手机

在移动互联网时代，以智能手机为代表的移动终端的快速普及，使人们的支付方式发生了巨大变革，O2O 交易模式开始成为人们日常生活的一部分。

目前，国内想要推广的公交 IC 一卡通，明显难以与移动互联网时代更方便快捷的手机支付相媲美。由于各地交通政策、收费方式的差异性，公交 IC 一卡通很难在全国范围内得到全面推广，而且选择打车出行的人们也无法使用公交 IC 卡进行支付。近年来，移动终端兴起的二维码扫描支付、NFC 近场支付等新型支付技术的崛起，使移动支付在交通支付体系中的全面推广成为可能。

未来，所有的交通运输方式中的支付环节，均可由接入移动互联网的智能手机来完成，而且由于手机卡实名制在国内的全面推广，这种支付方式将更加安全、可靠。更为关键的是，企业可以通过收集用户手机交通数据，来为企业发展战略的制定及产品的营销推广提供有价值的参考。

（4）从政府投资到全球融资

由于我国现阶段推行的创新重点领域投融资机制以及鼓励社会投资政策，未来一段时期内整个交通运输行业投资将保持高位运行，这就需要对传统交通运输行业融资模式进行创新发展，而移动互联网的崛起所引发的融资模式变革正迎合了这一需求。

在移动互联网出现以后，人们碎片化的时间可以得到充分利用，推动了移动互联网广告产业的飞速发展。而且由于移动支付兴起所带来的海量资金，更多的互联网公司开始加入到用户流量入口的争夺中。由于交通运输行业巨大的市场前景，未来，企业开发出的这些入口级应用将成为全球资本界的"宠儿"。

（5）产业融合需要完善法规

移动互联网与交通运输行业结合所产生的服务方式、融资模式等方面的巨大变革，使政府部门对交通运输行业的管理带来了严峻的考验，如以共享经济为核心的"专车"模式在许多国家引起巨大争议。移动互联网的发展速度及其对传统产业的颠覆能力，以目前的政策制定效率来说，远无法与之相匹配，政府部门的管理方式亟须进行一次全面的转型。

要想加快移动互联网与交通运输产业的融合，政府监管部门应该找到交通运输行业发展的痛点，针对交通运输行业安全、环保、用户体验等主要矛盾，不断优化交通运输行业发展环境，为其实现跨越式发展扫清政策障碍。

在移动互联网时代，随着交通运输行业相关法律法规的不断完善、政府政策的密集出台，未来，在公共数据资源实现共享的基础上，得到企业密切配合的政府部门将实现对交通运输行业的跨部门协同管理，最终为我国实现交通运输行业与移动互联网的深度融合找到一条切实可行的发展之路。

2.1.2　风口 VS 机遇：传统交通运输业的转型路径

在移动互联网时代，传统产业的转型升级成为一种主流的发展趋势，交通运输业也是如此。我们必须要转变思维模式，制定出顺应时代发展的转型策略，从而引导交通运输业的转型走向正确的轨道。

（1）以移动互联网引领综合运输服务

由于我国经济进入了结构性调整阶段，交通运输产业的服务需求也发生了重大变化。政府必须充分掌握交通运输业的发展趋势，通过移动互联网、大数据、云计算等技术的应用，使公路、铁路、水路、航空、管道等运输方式协同配合、互联互通，最终实现移动互联网时代的综合运输服务转型。

引导企业不断深化移动互联网技术的应用领域，结合不同运输方式在新时期的优势，研发联程联运等创新型运输产品，优化客运、货运服务流程。通过规模化及集约化管理提升运输效率及运输质量，为广大人民群众提供个性化及多元化的运输服务。

充分发挥移动互联网技术的优势，使综合运输服务水平及服务质量迈向新台阶。提升企业对交通数据信息的自动化收集能力，多方位、全角度地优化出行信息服务体系，更加完善出行信息；在保证用户信息安全的前提下，加快联网售票系统的建设，用户能够通过移动终端自助订票、取票、退票等，不断强化用户出行体验；推进增值服务系统研发进程，引导企业发展在线下单、货物查询、货物代收等增值服务，充分满足用户的个性化需求。

（2）以移动互联网引领产业转型升级

通过移动互联网进行传统道路运输产业运输组织方式的转型，以运输组织方式的结构性调整化解物流行业小、散、弱的难题；在传统综合运输产业中，对其运输组织模式进行创新发展，通过对运输资源的有效整合，带动发展较为缓慢的运输方式进一步发展。

借助移动互联网对传统产业形态进行创新，发展基于移动互联网技术的客运及货运信息平台，统一移动终端应用标准，从而使市场中分散的客货运输资源得到整合。

政府部门需要借助移动互联网对产业发展的强大影响力，引导一些创新意识强、集约化程度高、发展前景良好的企业做大做强，发挥其带头作用，形成大规模的交通运输产业基地，最终实现整个交通运输行业的转型升级。

（3）以移动互联网引领行业治理体系构建

政府要学会运用互联网思维进行治理创新。以科技创新、制度创新、政策创新等提升交通运输业服务质量与服务水平，完善交通运输行业治理体系，着力加强治理能力。以移动互联网思维制定交通运输行业治理策略，明确移动互联网时代政府在交通运输行业中扮演的角色，充分发挥出市场在资源配置中的决定性作用，搭建更加广阔、自由的企业发展平台。

通过互联网思维加快政府职能转变。在移动互联网时代，行业监管从以往的集中监管转变为更加灵活的分散监管，从政府为主的事前监管转变为市场为主的事中、事后监管。结合时代发展趋势，加快职能转变进程，使行业发展由行政推动向市场引导转变，从依赖行政手段向借助市场、科技、法律等手段转变。

借助互联网思维变革交通运输行业管理方式。移动互联网颠覆了传统交通运输产业的同时，也引发了其管理方式的巨大变革，这也为政府完善管理方式，提升管理效率，更好地服务广大人民群众提供了新的机遇。为此，政府部门需要结合行业发展实际，通过引入相关人才积极研发线上受理、审批、许可服务平台，提升行政审批效率。

在移动互联网时代，传统交通运输业的转型升级是一项复杂的系统工程。在实践过程中，政府部门不可操之过急、盲目冒进：一方面要在战略上找准交通运输行业发展的切入点，优化顶层设计，制定完善的战略规划；另一方面要在战术上稳扎稳打，不断巩固转型成果，理清转型思路，向产业转型发起挑战。

2.1.3 策略 VS 方向：个性化服务 + 精细化管理

随着"互联网 +"战略的不断推进，交通运输业的运营模式及商业逻辑也发生了巨大的改变。对此，交通运输产业的各个参与方都需要做出相应的调整，从而应对这种史无前例的颠覆性变革。

2015 年 4 月，在长沙召开的全国运输服务厅局长研讨班上，如何促进移动互联网与交通运输业的深度融合、在新常态下推进交通运输业的转型升级，成为了此次会议的焦点。

交通运输部运输司司长刘小明表示，要大力发展互联网产业，通过实施"互联网 +"战略，推动移动互联网等新兴业态的快速发展。以"移动互联网 + 综合运输"为依托的智慧交通（智慧客运、智慧物流），将在要素移动、便捷交互、泛在互联等维度上创造出更大的社会价值。更为关键的是，由此所构建的全新的运输服务产业链，将会大幅度提升交通运输的效率与质量，实现运输服务的全面转型。

（1）运输服务迈向个性化、精准化

长时间以来，不同的运输方式之间的管理相对独立、各个管理部门之间缺乏有效的协调。但在交通运输需求更为综合复杂的移动互联网时代，迫切需要通过多种交通运输方式的无缝对接，来为人们的运输需求提供智能化的综合运输解决方案。

以移动互联网为代表的信息技术与通信技术的不断突破，为打破不同交通运输方式之间的连接障碍提供了有效的解决方案，由此引发了运输产业结构的巨大变革，使运输服务的供给能力发生了质的飞跃。

1）在移动互联网的影响下，运输服务水平不断提升。从客运角度来看，运输服务日趋个性化及多元化。由于拼车、专车等新型运输服务模式的出现，消费者的个性化需求得到充分满足。由移动互联网所提供的实时运输信息，使各种运输方式能够密切协调，消费者在尚未出门以前就可以通过移动终端为自己规划好出行路线、出行方式，提升了出行效率及出行体验。通过手机上的 App 应用，人们可以实时掌握车辆信息，并对运输服务进行评价监督，优化了交通运输业的运营管理。

在物流维度上，基于移动互联网所建立的物流网，实现了货运需求方与供给方之间的无缝对接，使物流商业模式发生了重大转变。如货运企业不再只依赖于单纯的线下推广，而是借助线上与线下结合的方式使得企业的服务范围得到有效提升；以移动互联网为基础建立的全国物流货运信息平台，推动了车辆资源与货运资源的有效匹配；一些轻资产平台型创业公司通过移动互联网有效整合了中小散户司机，为企业赢得了足够的话语权。

2）在移动互联网的影响下，企业的经营组织方式得以优化。 利用移动互联网技术，整个运输产业资源得到有效整合，产业格局日趋规模化、集约化，企业的组织结构更加多元化，许多小微企业、轻资产企业得到了足够的生存空间。

2014年10月，由速派得物流信息技术有限公司研发的速派得同城快运服务平台正式上线，该平台采用轻资产运营模式，没有一名司机，更没有一辆货车。用户可以通过登录官方服务网站、拨打服务电话、App预订等多种方式，享受到速派得提供的"最后一公里"运输服务。平台采取按需计费、按方收费模式，承诺在1小时内响应用户，并保证货物当日送达。

移动互联网的应用，使企业与货主之间能够实时沟通，对中间环节的各种代理商及"黄牛"带来了巨大冲击。而且，通过移动互联网建立的服务平台使数量众多、种类繁杂、分布散乱的运输资源得到有效整合，运输服务更加标准化、专业化。

（2）运输管理需更精细更智慧

移动互联网使运输行业的管理方式发生了变革，具体表现在以下4个方面。

1）在管理理念维度上，交通运输产业链中依靠信息不对称来获取利润的企业将被逐渐淘汰，由于信息不对称而存在的细分领域将会被彻底颠覆。

2）在管理策略维度上，通过车联网、移动互联网、通信技术等可以实现人、车辆与货物之间的实时交互，这为实施交通精细化管理提供了有效的解决方案；交通运输监管开始向远程监管、实时监管、移动监管、平台监管等方向发展。

3）在管理方式维度上，移动互联网使传统产业之间的界限被打破，行业之间的跨界融合成为一种主流的发展趋势。比如，专车服务平台的兴起使出租车行业与汽车租赁行业发生了跨界融合。这种巨大的变革需要我们在管理方式上进行调整，从以往的分散型、粗放式管理转变为集约化、精细化管理。

4）在管理效果维度上，各大移动社交媒体应用平台的兴起能够让交通运输行业的各个参与方发表自己的评论，大幅度提升整个运输行业的监管效能。

移动互联网的出现，也使得政府对交通运输行业的监管面临更大的挑战。政府部门不但要管理各种基础应用平台，还要管理拥有亿级用户流量的开放型应用平台；不但要提升交通运输的服务质量，还要建立起完善的信任体系。尤其是新兴产业与传统产业之间的激烈碰撞，引发了利益集团之间的尖锐矛盾，监管部门必须以更高的智慧、更远的眼光使各方利益集团之间建立起动态平衡。

2.1.4　不足 VS 完善：交通运输行业的体制限制

"互联网 + 交通"已经在我国迈开了发展脚步，并逐渐形成了相当一部分较为成熟的业态。但是其在发展过程中依然存在不少问题，这就需要在未来发展方向规划中进行规避。

交通智能化程度的提升是"互联网 + 交通"在我国发展的最显著成果。在互联网的支持下，我国智慧城市的建设以智能交通为切入点，打造集交通信号智能管理、交通指挥与调度、交通信息智能化服务等智能因素为一体的交通管理系统，并成功地应用到北京奥运会及上海世博会中。

此外，ETC（电子不停车收费系统）已经应用到高速公路系统中。在公交系统建设方面，交通运输部陆续在 37 个城市开展试点工作，在公交车上配备监控系统，目前已经基本能满足调度、监控等基本需求。

随着互联网对出行模式的干预，出行的多样化程度不断加深，各种第三方出行软件层出不穷。移动互联网与出行相结合产生以下 3 种主要业态模式：一是利用 App 拼车出行；二是用手机 App 召车服务；三是网络预约专车。

这 3 种模式的出现不但为人们出行提供了便利，还有效利用社会闲置资源，其中拼车出行通过软件建立人际关系，分摊出行费用，得到了消费者认可。

虽然"互联网 + 交通"的步伐在逐渐加快，但是基于交通行业的特殊性，其仍然受到体制机制的限制，无法更快速地发展。这种限制主要体现在以下 3 个方面，如图 2-2 所示。

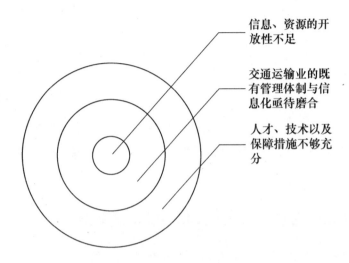

图 2-2　交通运输行业的体制限制

（1）信息、资源的开放性不足

由于涉及行业保密规定、部门保密性以及个人隐私等问题，许多数据不能向社会公开。对此，我国应当尽快完善法律法规，把隐私与机密同能够向社会公开的资源分离开来，明确哪一部分资源社会公众有知情权。

就目前来看，跨部门之间的信息资源沟通还没有实现，虽然有关部门在加紧制定相关政策，但也非短时间内就能完成的，还需要进一步明确政府数据的具体操作。交通运输行业是我国国民经济的重要组成部分，其信息化发展的方向以及具体操作过程必须通过有关部门的认可，需要相关政策的保障。

（2）交通运输业的既有管理体制与信息化亟待磨合

目前，我国交通运输业主要划分模式有以类型划分的垂直划分体系、以地域管辖划分的横向管理体系。前者实际上阻碍了不同行业、不同交通工具之间的信息交流，不利于综合交通统筹式发展。例如，民航和铁路分属于民航局和铁路局，二者之间的信息和资源交互不畅。而后者则对不同地域之间信息交流和资源共享造成阻碍，大数据的优势难以发挥。

此外，交通运输业有着严格的专营制度和牌照管理模式，这也与互联网融合创新的特征不适应，需要进一步的磨合。

（3）人才、技术以及保障措施不够充分

随着"互联网＋"的概念逐渐深入人心，相关领域的专业人才以及新技术如雨后春笋不断涌现，但真正能够理解"互联网＋交通"并能够抓住要点促成传统交通运输业的创新改革的人才和技术尚且储备不足。另外，互联网在线数据流通的趋势需要加以保障措施，否则极易埋下安全隐患。

2.2　打车 App：颠覆传统出行模式

2.2.1　传统出行的 3 种方式

从全球范围来看，居民的出行方式主要包括 3 种，即公共交通出行、出租车和私家车。这 3 种出行方式在出行领域已经形成了比较稳定的格局。而随着经济发展水平的提高，这种稳定的出行格局开始带来两种极端的问题：一是难以完全满足人们的出行需求；二是存在一定的资源浪费。

（1）公共交通出行

这种出行方式可以最有效地缓解城市的交通压力，因此近年来开始被各地政府积极倡导。但是这种出行方式如果在高峰时段相对比较拥挤，而且公共交通线路到达的地方有限。另外，这种出行方式更适用于通勤，老幼等特殊人群还是要谨慎选择。

（2）出租车

出租车出行虽然更加方便，但是由于出租车长期处于垄断地位，居民没有议价权。出租车司机也面临疲劳驾驶、油价居高不下、空车率高等问题。而且，出租车行业服务质量低的问题也让民众对出租车出行失去了热情。

（3）私家车

家庭收入的增长让越来越多的人成为了私家车的拥有者。在过去的几年时间里，我国乘用车的销量呈现了快速增长的趋势，2014 年的年销量达到了 2000 万台，增速超越美国。2015 年我国汽车的保有量达到 1.54 亿台，私人轿车的保有量为 7590 万台。但是我国的公路里程数尚未有明显的增长。

而同时期的美国汽车保有量为 3 亿台，尽管在新车销售以及汽车保有量上，美国遥遥领先于中国，但是有调查显示，美国每日汽车行驶在道路上的时间仅为 1 小时，其余的时间都闲置在停车场。

我国随着家庭轿车的逐渐普及，每个家庭拥有的轿车数量也得到了提升，汽车的闲置时间也将逐步增加。例如，北京市的私家车数量达到了 300 多万台，而行驶在道路上的私家车的上座率只有 1.2 人左右。2009 ~ 2014 年我国私人轿车保有量规模如图 2-3 所示。

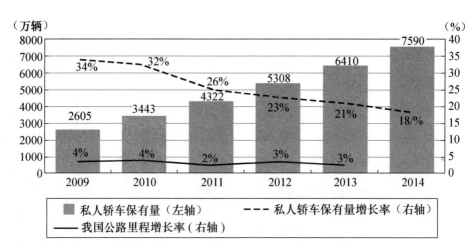

数据来源：工业和信息化部

图 2-3　2009 ~ 2014 年我国私人轿车保有量规模

为了缓解城市交通压力，许多城市实行了限号、限行等交通管制措施，再加上油价的居高不下，使得出行领域的供需矛盾日益严峻，这一矛盾在出租车出行中更为突出。除了公共交通以及私家车之外，出租车承接了居民所有的出行需求，但是随着出租车行业牌照管制的日益严格，许多大城市的出租车数量增长逐渐放缓，并且越来越难以满足日益高涨的乘客需求。

P -------------------------------

以北京为例，从2004年到2015年，北京常住人口从1400多万增加到了2100万，而出租车却仅从6.5万辆增加到了6.6万辆。出租车数量的增长难以满足快速增长的人口的出行需求。特别是在用车量比较高的早晚高峰，乘客的需求量是成交量的3倍以上。而在供不应求的市场态势下，出租车行业的服务质量参差不齐，挑客、宰客等问题时有发生。

在乘客的出行需求日益高涨，出租车行业难以满足的情况下，市场上开始出现了商务用车和黑车两种模式。

所谓的黑车就是没有获得交通运输管理部门批准而有偿服务实施非法运营的车辆，这些车辆由于没有相关牌照，相关部门难以进行相应管制，安全性不能得到有效保障，建议大家不坐黑车。而商务用车面向的则是小众群体，主要应用于大型酒店中，为顾客提供乘车服务。商务用车的司机挂靠在租车公司名下，租车公司会将客源分配给司机。

但是出租车、黑车，再加上商务用车仍然满足不了乘客在公共交通和私家车之外的出行需求。

大量未满足的出行需求的存在以及移动互联网和移动支付的不断发展成熟，为共享经济的成长提供了肥沃的土壤。共享经济开始在交通出行领域快速成长，并诞生了私家车预约、出租车预约、私家车顺路搭乘以及P2P租车4种新兴的运营模式。

根据艾瑞咨询的调研数据显示，2015年用户使用的出行类App中，打车App使用的频率最高，达到了84.3%；其次是专车App，占到了45.5%；租车、拼车以及代驾服务的使用率分别为43.7%、35.9%、26.5%。如图2-4所示。

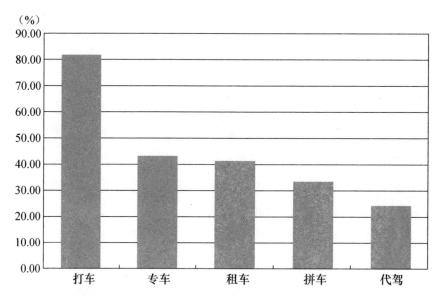

数据来源：艾瑞咨询

图 2-4　2015 年用户使用的出行类 App 使用频率

2.2.2　打车 App 的运营模式

根据调研结果来看，我国用户使用打车 App 的频率最高，已经逐渐培养起了用户的使用习惯。

2009 年，在美国成立的 Uber 是靠专车业务成长起来的，专车的价格要比普通出租车高出 1.5 倍，用户只要在家中就可以预约车辆等待车辆的到来。2012年 Uber 在芝加哥推出了 Uber taxi 服务，用户通过 Uber 软件就可以预约出租车。

同年，在中国，与 Uber 打车 App 相似的滴滴打车、快的打车相继诞生。众所周知，Uber 是首先从专车领域入手的，而滴滴打车和快的打车首当其冲的目标就是出租车领域。最初，为了覆盖更多的出租车司机，滴滴和快的开展了大规模的地面推广活动，如为智能手机提供安装服务、手机流量服务、与出租车公司合作开展软件推广等。

打车 App 运行的基本模式是：出租车司机与用户需要同时安装打车 App，用户在打车 App 平台上发送用车线路的需求，出租车司机在听到平台播报的路线需求后可以进行"抢单"，抢单成功为用户提供运送服务，到达目的地后用户通过手机支付乘车费用。

从打车流程来看，传统的打车模式中乘客和司机存在三大问题。

（1）**叫车**：在传统的打车模式中，乘客需要在路边搜寻空车，在空闲位置和需求等信息上，与出租车司机存在较大的不对称。

（2）**乘车**：乘车线路由司机决定，可能会存在绕路和不熟悉路况等问题。

（3）**付款**：容易出现找零以及假币的问题。

而打车 App 有效解决了以上三大问题：在叫车环节，是由用户主动发起的路线请求，可以让出租车司机更快速地发现周围的乘客，司机同时也可以选择自己希望的线路，从而降低空车率；在乘车环节，司机在抢单后打车 App 中的导航会为司机规划好最优的路径；在付款环节上，乘客在达到目的地之后通过移动支付的方式付费，可以有效避免找零和假币的问题。

降低空车率以及规划最优路径，对司机来说，具有巨大的吸引力，可以让他们在单位时间里承接更多的用户订单，提高营收。同时，为了帮助乘客在高峰期能顺利叫到车，叫车平台还增加了乘客加价功能，并通过这种功能来调整供求，乘客的加价都归司机所有，在一定程度上增加了司机的收入。

2014 年，滴滴和快的两大打车 App 为了能够抢占更多的市场份额，开展了大规模的烧钱大战，为司机和乘客提供补贴，补贴额度最高时甚至到了每单 10 元以上，这也就意味着用户只要在滴滴或快的平台上叫车，平台就需要支付 20 元的补贴。

大规模补贴的方式尽管让他们元气大伤，但是却帮助滴滴和快的在短时间内聚集了大量的用户，并开始逐渐培养起用户的使用习惯。让滴滴和快的从一家初创型公司快速成长为大型的移动互联网企业，并且在打车市场上确立了分庭抗礼的格局。

而今，滴滴、快的的合并，双方之间残酷的争夺大战尘埃落定，未来将携手在交通领域创造更多的辉煌。

除去公共交通和私家车之外，出租车是最具合法性并且也是我国居民习惯使用的一种出行方式。以滴滴、快的为代表的打车 App 为出租车司机提供了一个服务平台，可以帮助他们降低空车率，在单位时间内获得更多的订单。

但是，不管是出租车公司还是出租车司机，打车 App 平台并不直接向他们收取费用。因此，对打车 App 来说，出租车的呼叫功能其实是一种流量 App。在培养用户的习惯阶段，出租车呼叫功能可谓最直接、有效。

滴滴和快的通过大规模的补贴，在打车平台上聚集了大批活跃的用户。在用户形成使用移动互联网叫车的习惯之后，滴滴、快的等开始将业务延伸至拼车、专车、顺风车等领域，并为其带来了新的利润增长点。

2.2.3 专车 / 快车模式

专车或快车的服务模式类似于出租车，乘客通过移动端的应用发出用车信号，附近的车主在接受到信号后会进行响应。不过，出租车的车辆供给方是出租车公司，而专车或快车服务的车辆供给方是私家车车主。尽管快车或专车服务在合法性方面仍然存在很多争议，但不可否认的是，该项服务的确为用户的出行服务提供了极大的便利，并且获得了乘客的广泛好评。

（1）供给方

私家车车主利用自己的闲暇时间开展专车服务，不仅获得了额外的收入，同时还满足了用户的出行需求，并为用户带来了一种全新的出行体验。各专车平台会根据私家车的车型设置不同的收费标准，大众化的家庭车型价格要低于出租车，而高端车型以及商务车价格普遍高于出租车。

（2）需求方

一是可以节省一部分出行成本，专车的价格一般要略低于出租车，而且使用专车的成本要低于自己拥有私家车。在上海，平均每单专车预约服务的费用为 36 元，而上海年均拥有汽车的成本为 66910 元，也就是说这些钱可以在上海每天享受 5 次私家车预约服务，已经远远超越了大多数用户的用车需求。我国居民的年均汽车拥有成本如图 2-5 所示。

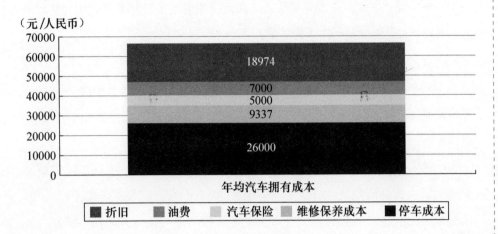

数据来源：国家统计局

图 2-5 我国居民的年均汽车拥有成本

二是当乘客有特殊需求时，只要付出更高的价格，他们就可以享受到奔驰、宝马等豪华车型的私家车服务，乘车体验也会得到大大的提升。

（3）付款方式

使用移动互联网预约出租车服务，可以选择线上支付或者线下直接支付，而使用专车服务，则需要使用移动支付进行线上支付。这样一来不仅节省了乘客和司机的时间，同时还避免了现金支付可能会带来的问题。

专车和快车的出现，为出行领域带去了丰富、多层次的服务体系。乘客可以根据自己的需求选择不同价位的车型，如果追求低廉的价格可以选择低价的车型，而如果为了追求品位以及享受高品质的服务就可以选择高端和商务车型。

2.2.4 顺风车模式

在国外，人们搭乘顺风车本身就是一件习以为常的事情，搭乘顺风车也是很多旅行者在自助游中会选择的一种方式。在欧美，搭乘顺风车没有固定的时间，距离一般为中长途，路边招手即上。而在我国，由于信任等问题，要想保证搭乘安全，需要有一个保障机制来进行规范。对车主来说，搭乘的乘客是陌生人；而对乘客来说，车主是陌生人。因此需要有一个针对双方的中介平台保障搭乘安全以及提供便利的付费方式。

相对于滴滴打车、Uber 等专车模式，顺风车出行起步略晚一些，但是顺风车将线下私家车的空座位都整合在一起，并与乘客需求实现了有效匹配，满足了一部分乘客的出行需求，同时也为共享社区的构建创造了有利的条件。

在顺风车模式下，有搭乘需求的用户需要在顺风车 App 中提前发布自己的乘车需求，并由附近的车主抢单，在抢单成功后，乘客需要先支付费用，并与车主约定好接送的时间和地点，在达到目的地后，乘客与车主相互进行评价即可。

在价格方面，顺风车 App 并不像出租车一样精确到公里数和时间，而是根据车型以及行驶公里的范围给出计费区间。在一般情况下，搭乘顺风车的费用是出租车价格的 50% ~ 60%。顺风车主要是为大城市通勤人群提供出行服务。尽管乘客支付的费用可能并不能完全覆盖车主的行驶费，但是在油价和养车费用的驱使下，仍然有车主愿意将自己闲置的座位资源出租出去，获得一部分收益。而且随着城市的扩建，通勤时间越来越长。在搭乘顺风车的途中，车主还可以与乘客进行沟通，从而获得更多的信息资源。

与普通的专车和出租车相比，顺风车 App 在运营机制上有了明显的区分，例如，虽然在专车平台上也有车主和乘客相互评价的体系，但是由于专车属于高频、短时间的出行行为，而且很多车主运营专车主要是为了盈利，因此专车平台并未将运营评价体系当作重点。而顺风车主通常是在上班或下班途中承接相同方向的订单，并不主要以此为盈利手段，因此，相对于赚钱来讲，他们更愿意搭乘一些素质较高的乘客。

因而，顺风车平台在搭建的过程中更加注重建设车主与乘客之间的社区感。为了吸引更多的车主，创造更多新的行车路线，顺风车平台更倾向于保护车主的利益。

顺风车 App 一些典型的运营策略见表 2-1。

表 2-1　顺风车 App 的运营策略

运营策略	策略原因
乘客需要提前 30 分钟以上预约	顺风车主并非以盈利为目的，而是顺路搭乘他人，并不能立即出发接单
乘客需要在搭乘之前付全款	即使乘客爽约，也能保证顺风车司机的利益
鼓励乘客坐在前排副驾驶或要求只能一位乘客搭乘顺风车	顺风车主并非以此谋利的专职司机，而是与乘客平等交流的同路人
司机每日只能接两单	保证平台订单是真正意义的上下班"顺风车"，而非盈利性的专车，避免政策问题
乘客与车主的相互评价体系	鼓励乘客与车主进行较为仔细的互评。通常在互评后，平台将给予乘客与车主数额不等的优惠券奖励

在这些运营策略的支撑下，顺风车主可以做到诚信经营，而乘客也能够做到文明乘车，从而增强对平台的黏性，保证顺风车平台的有序运转。

随着产品经营的深入化发展，顺风车平台上也聚集了大量有固定行车路线的司机和乘客，他们主要是从大型住宅小区流向办公集中的区域。未来，顺风车平台在提供拼车服务的同时，还将成为一个共享社区。一般在同一个办公区工作的乘客往往属于同行，例如，在中关村工作的一般是 IT 从业者，在金融街工作的一般是金融从业人员。顺风车在为他们提供一个便利的搭乘平台的同时，也为同行从业者提供了一个路上的社交平台，可以通过交流、分享掌握更多的行业资讯。

大部分顺风车 App 对司机每日只能接两单的策略已经不再做硬性规定，这意味着顺风车 App 已经开始打破原本固定的行车路线，开始朝着非固定线路以及中长途顺风车市场的方向延伸。

（1）顺风车市场的发展概况

国内的顺风车市场形成了"3+1"的格局，起步最早的嘀嗒拼车拥有的月活跃用户数最多，排在后面的依次为 51 用车、天天用车和微微拼车。原本整个顺风车市场是由多个独立 App 占有，但是 2015 年 6 月，滴滴打车宣布进入顺风车领域，并在其 App 界面上增加了顺风车的选项，顺风车市场的格局开始被扭转。

滴滴出行的顺风车界面如图 2-6 所示。

图 2-6 滴滴出行的顺风车界面

为了获得更多的行驶路线，滴滴还为司机提供了每单最高 35 元的补贴。上线两个月之后，滴滴顺风车日订单量就突破了 200 万单，而最大的嘀嗒拼车日订单量最高为 120 万单，滴滴顺风车在最短的时间里就已经完胜独立拼车 App。

顺风车市场上竞争的焦点就在于用户规模上，只有在供给端和需求端拥有足够数量的司机和乘客，才能保证平台的活跃性，搭乘请求成功率的提升才能让平台拥有更多忠实的用户。而滴滴打车靠打车和专车积累的庞大的用户群为其进入顺风车领域提供了巨大的优势，足以撼动独立拼车 App 的市场地位。

（2）案例：Uber Pool 业务

为了全面阻击滴滴顺风车、快车等产品，Uber 积极筹备推出多人拼车产品——Uber Pool，2014 年 4 月，Uber Pool 在美国旧金山发布并进入内测，目前这一产品已经覆盖到了旧金山、洛杉矶、纽约、巴黎等城市。而今，Uber Pool 已经正式进入我国市场。

Uber 认为，只有不断增加运力，降低空车率，才能满足乘客即时乘车的需求，同时增加司机的收入。Uber Pool 的引入改变了原有每单订单中"司机 + 乘客"的运营模式，倡导司机在同一订单中搭乘两位以上的乘客，从而形成一种拼车合乘的模式，让不同的乘客可以共享部分重合的路程。

在一般的拼车或专车模式下，在两段行程的空隙时间，司机是无法获得收入的，这段期间可以形象地描述为"空窗期（Unpaid Travel Time）"。而 Uber Pool 模式就是要将两段行程的空隙时间也充分利用起来。

使用 Uber Pool 系统，司机可以在不同的地点先后接上两名以上的乘客，然后将顺路的乘客送达目的地。在 Uber Pool 模式下，将原本一名乘客独享的旅程变成了两名以上乘客共享的旅程，Uber 司机就可以获得两份以上的乘车费用，乘客的费用也可以相应下调，从而享受多人拼车的优惠。另外，Uber Pool 的定价要比人民优步低 30% 以上，司机在相同的路程中也可以增加两倍的运力。

Uber Pool 的诞生为用户的出行带来了一种新型的顺风车模式，将原本司机搭乘一名乘客变成多名乘客拼车合乘，从技术层面上来讲，Uber Pool 的实现离不开精确匹配的时间和地点，从而保证乘客在与多人合乘的时候可以享受到与独乘时一样的体验，避免因为多人搭乘而耽误原有乘客的时间。

此外，为了实现高效、精准的乘客匹配，Uber Pool 的后台系统需要随时计算拼车的可能路线。Uber Pool 也打破了原有需要提前预约的顺风车打车模式，可以让顺路的乘客能够方便及时地搭乘顺风车，同时也最大限度地发挥了车辆的运力。

2.2.5　P2P 租车模式

（1）P2P 租车的市场规模

随着国内汽车保有量的持续上升，租车市场也开始出现爆发式增长，预计到 2018 年我国租车市场的规模将达到 650 亿元。有关数据显示，截至 2015 年 10 月，我国机动车保有量为 2.76 亿辆，其中汽车 1.69 亿辆，机动车驾驶人数达 3.22 亿，汽车驾驶人数达 2.75 亿。汽车驾驶人的数量远远超越了汽车保有量，足以窥见租车市场仍然存在较大的成长空间。

大众休闲时代的到来和人均汽车保有量的增加，让自驾游市场日益火爆，越来越多的消费者开始选择租车来满足自己的自驾游需求。

根据《中国自驾游年度发展报告》显示，2014 年全国平均每百户家庭就拥有 25 辆私家车，自驾车出游总人数达到了 22 亿，比 2013 年增长了 8%，占到了年度出游总人数的 61%，自驾游已经占据了国民旅游的半壁江山，在一定程度上推动了租车市场的快速发展。我国自驾游人数及增速如图 2-7 所示。

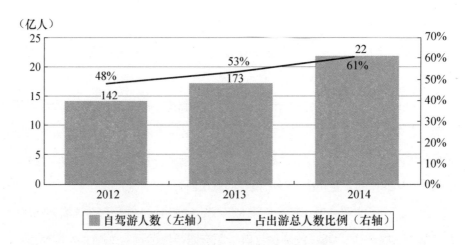

资料来源：《中国自驾游年度发展报告》

图 2-7　我国自驾游人数及增速

（2）P2P 租车的运营模式

与传统租车不同的是，P2P 租车平台面向的是私家车车主，让他们将闲置的车辆放在平台上，为有租车需求的用户提供车辆资源，由租车平台统一进行定价。有租车需求的用户可以在平台上搜索附近合适的车辆，并就租车时间达成约定。

从本质上而言，不管是出租车、专车还是顺风车都提供了一种服务，即将有出行需求的乘客送到目的地，而 P2P 租车则需要进行实物交割。在专车或出租车服务中可能会存在个人"黑车"为替代品，而租车服务过去由租车公司垄断。而且为了能够吸引更多的用户，方便用户提车、还车，租车公司往往需要设立大量的线下门店。

同时，租车公司还需要保证有足够数量的车辆，因此就需要花费大量的资金来购买车辆，除了购置新车花费的资金之外，还有停车费、保养费等都是一些比较高的投入。

P2P 租车平台整合的是用户家中闲置的车辆。用户自己家中闲置车辆不仅需要承担停车费，而且车辆还在不断折旧。而 P2P 平台可以将闲置车辆集中起来，并且租给有需求的用户，租车的价格也往往低于市场平均水平，不仅可以让车主获得一定的回报，同时也实现了对闲置资源的有效利用。除了价格优势之外，P2P 租车平台还有其他吸引用户的优势。

在过去，想要在节假日期间租车自驾游需要提前一个月进行规划和租车，以防临近节假日租不到车。而今在 P2P 租车平台的支持下，消费者可以实现更方便、快捷地租车。根据 P2P 租车公司宝驾租车提供的数据显示，"十一"黄金周的租车订单在"十一"前的一周呈现了爆发态势，在 9 月 30 日当天订单量和流量实现了 10 倍的增长。通过 P2P 平台，消费者可以更便捷地租车，甚至有时候车主和租车人在不见面的情况下就已经完成了租车流程。

（3）领先公司代表：PP 租车

PP 租车成立于 2012 年，总部位于新加坡，2013 年 PP 租车正式踏足我国市场。PP 租车只用了两年的时间，平台上注册车辆的数量已经达到了 40 万，是神州租车的 8 倍。而这也说明，共享经济在租车领域对线下闲置资源具有强大的整合能力，同时也显示了共享经济巨大的活力。

目前，PP 租车已经顺利完成两轮融资，在 2014 年年底的 B 轮融资中，PP 租车获得了 6000 万美元的融资金额，由 IDG、晨兴资本领投，源码资本、明势资本、红杉资本和清流资本跟投。

2.3　案例详解：滴滴与 Uber 的运营策略

2.3.1　滴滴出行：智能出行时代的三大业务布局

（1）从滴滴打车到滴滴出行

2012 年 9 月，滴滴打车在北京正式上线运营，最初只是提供出租车预约服务。快的打车于 2012 年 8 月在杭州正式上线。因此两家公司始终处于竞争的状态，为了能够抢占更多的市场份额，两家开始对司机和乘客进行大规模补贴。在同时期，市场上还出现了多个移动打车 App，如打车小米、大黄蜂、摇摇招车等。

而滴滴和快的凭借强大的执行力以及出色的地推团队，在众多的打车 App 中脱颖而出，并在成立不到一年的时间里分别获得了腾讯和阿里的青睐，得到了一定的资金支持，为烧钱大战的开展提供了有力的支撑。滴滴和快的在打车市场上掌握了绝对的话语权。

2015 年 2 月，在打车市场上平分秋色的滴滴和快的正式合并，由此国内的打车 App 市场形成了一家独大的局面。

相关数据显示，2014 年第 4 季度，在国内打车 App 市场上，快的所占的市场份额达到了 56.5%，滴滴占到了 43.3%，总计占到了 99.8%。

在打车 App 市场上确立了垄断性的地位之后，滴滴快的公司针对出租车司机开展了持续的补贴，同时还利用滴滴快的积累的海量用户，向专车、顺风车、代驾等移动出行领域展开了全面进攻。

滴滴打车在成立 3 周年之际正式更名为滴滴出行，并开始全面发展专车、顺风车、代驾等领域。致力于将其发展成为涵盖出租车、专车、顺风车、快车等多种出行方式的全球最大的一站式出行平台。

从创立至今，滴滴打车每一个融资都获得了巨额的资金支持，未来滴滴的成长并不止于出租车、专车，而是通过滴滴平台，将所有出行和交通领域都整合在一起，掌握更大的主动权，创造更多的发展机会。

（2）滴滴出行的 3 大业务布局

1）出行大数据。通过出租车、专车和快车的呼叫服务，滴滴平台可以实时呈现城市的交通状况以及人流分布和走向。2014 年年底，滴滴打车发布了平安夜居民出行的数据报告，报告中显示在平安夜当晚，全国出租车的出行次数约为 3000 万次。深圳市的出租车高峰出现在 15:00，北京则是 16:00。其中北京市有 3.2% 的用户打车前往北京西站，2.6% 的用户打车前往首都机场。

在滴滴平台上，每秒都会发出上千个出行请求，通过这些出行请求，城市管理者可以实时掌握城市的道路交通状况以及人流的分布和流向，同时也有助于个人了解道路状况，选择合适的出行时间以及出行路线。

2015 年 5 月，滴滴推出了智能出行平台——苍穹，可以将在平台上汇聚的所有的专车和出租车数据直观地呈现在地图上，从而为司机和用户提供更多有价值的参考。智能出行平台苍穹界面如图 2-8 所示。

2）从私人交通到公共交通。滴滴除了面向个人出行的出租车以及专车业务之外，也开始将业务触角延伸至了公共交通领域。滴滴巴士业务目前已经开始在北京试运行，滴滴巴士是一种直达班车的业务，线路主要分布在人群比较密集的办公区和居住区，为乘客提供定制巴士的服务。

事实上，在此之前，传统公交汽车也曾经尝试过定制巴士的模式，不过由于难以解决信息对称的问题，传统公交公司不能获得足够多的乘客，即便是能够在特定的时间以及线路上征集到足够多的乘客，为了保证巴士的正常出行，乘客也需要缴纳固定的费用。

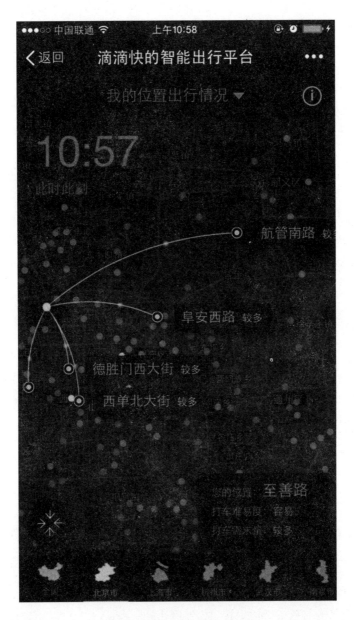

图 2-8 智能出行平台苍穹界面

而滴滴巴士借助滴滴平台上积累的用户，可以获得足够多的乘客，沿路的乘客都可以乘坐该巴士，而乘客也只需要缴纳当天或第二天的乘车费用。滴滴巴士的微信公众号如图 2-9 所示。

图 2-9　滴滴巴士的微信公众号

对滴滴而言，滴滴巴士只是其整合出行和交通领域迈出的第一步，未来，滴滴将会进一步扩大自己的平台覆盖范围，将业务触角伸向定制公交、校车、智能巴士、员工班车等多个领域。

3）**不止于个人出行。**滴滴是通过移动互联网为个人提供便捷的出行服务，定位是个人出行。未来，随着城市交通的打开，滴滴可以扩大自己的服务范围，将服务的对象扩展至货物、服务。

在这一方面，Uber 在美国已经进行了多次试验。例如，一键呼叫冰淇淋车服务、一键呼叫烟花燃放服务、当日送达的快递服务等。随着滴滴平台上用户数量越积越多，滴滴也可能会将各种线下服务、线下货物连接到平台上，从而实现货物或服务"出行"。

2.3.2 Uber：625 亿美元估值的运营策略

（1）Uber 的发展历程

Uber 创立于 2009 年，最初名为 UberCab，创立伊始主营业务是整合旧金山地区的闲置出租车资源，并向消费者提供出租车预约服务。2011 年 5 月，Uber 因为没有获得相关出租车公司的牌照而被美国运营部门罚款 20000 美元，公司借此机会更名为 Uber，并开始将业务重点放在了中高端私家车的预约业务上。

现如今，Uber 已经将自己的业务范围覆盖到了全球 58 个国家和地区的 300 多个城市，成为全球炙手可热的私家车预约 App。从 Uber 的火爆程度来看，预计到 2017 年，Uber 的订单额将达到 500 亿美元。

在 Uber 提供的基础打车服务中，按照服务价格可以分为 5 个种类，从低到高依次是 UberX、UberTaxi、UberBlack、UberSuv、UberLux。

Uber 提供的基础性服务是高端私家车，之所以推出 UberX 和 UberTaxi，是为了将业务范围拓展至中低端市场。但是这两种平价打车模式容易受到竞争对手的打压，国外的 Lyft、Sidecar 和国内的滴滴、快的等都是主打平价打车服务。

表 2-2　Uber 2015 年 3 月前的融资明细

融资数	融资时间	融资规模	投资机构	估值变化
天使轮	2010 年 10 月	130 万美元	红彬资本等	N/A
A 轮	2011 年 2 月	1100 万美元	Benchmark&First Round	N/A
B 轮	2011 年 12 月	3700 万美元	贝佐斯、CrunchFund 等	N/A
C 轮	2013 年 8 月	2.58 亿美元	enchmark&Google Ventures 等	N/A
D 轮	2014 年 5 月	12 亿美元	黑石基金、KPCB&Google Ventures 等	180 亿美元
E 轮	2014 年 12 月	12 亿美元	Sequoia Capital（红杉海外）、富达亚洲风险投资、KPCB 凯鹏华盈、Menlo Ventures、Wellington Management TPG Growth	410 亿美元
战略投资	2014 年 12 月	6 亿美元	百度	N/A
战略投资	2015 年 3 月	2400 万美元	Times Internet	N/A

截至 2015 年 3 月，Uber 的总融资金额超过了 30 亿美元。而且随着 Uber 业务规模的快速扩张，公司的估值也在持续上升，详见表 2-2。截至 2016 年 1 月，完成新一轮 20 亿美元融资的 Uber，其估值已经高达 625 亿美元，超过通用汽车市值。

（2）Uber 估值为何高达 625 亿美元

根据 2014 年 12 月的数据显示，Uber 已经进入了全球 260 个市场，每天接送的乘客数量达到 100 万，全年人数累计达到 1.4 亿。公司的总订单额也增长至 29.11 亿美元，增长率高达 323%。随着移动互联网和移动支付的不断成熟，以及用户使用习惯的形成，未来 Uber 的总订单额还会保持高速的增长。

Uber 之所以能获得如此高的市场估值，我认为要归结于以下 4 个因素。

1）Uber 并不仅是一款打车 App，同时它的"野心"也并不止于交通领域，未来，Uber 有可能成为连接整个 O2O 线上线下物流和人流的应用。如果以此为目标的话，那么 Uber 就充满了更多想象的空间，并且在同城物流、公共交通、零售领域，Uber 都可能会有大展拳脚的机会。

2）Uber 在海外市场的出租车费用更高，Uber 的定价尽管低于出租车，但是价格水平仍然比较高，Uber 主要是依靠通过向司机收取 20% 佣金的方式盈利。也就是说，当很多移动 App 还在寻找商业模式的时候，Uber 从入驻海外市场开始就拥有了固定的收入来源。随着 Uber 业务在全球的拓展以及订单量的增加，Uber 的收入也将实现快速增长。

3）Uber 在技术和数据等方面不断进行优化整合，从而保证车辆资源的最优配置。Uber 的核心技术就在于在一个城市中部署数量最少的车，并且满足全城的用车需求。这种算法技术的核心就是 Traveling-Salesman Problem，就是怎样用最短的线将无数移动的点连接起来。

4）有独立定价的权利。Uber 的路程价格可以由自己全权决定，因此与出租车的价格相比，Uber 的价格更接近市场化。Uber 可以根据时间、路况以及天气状况等灵活定价，例如，在上下班高峰期或者恶劣天气状况下，Uber 的价格更高，因为在这种情况下，乘客愿意付出更高的价位享受租车服务。同时也反映了天气、时间等因素可以影响到乘客的真实需求。而 Uber 的灵活定价能力也有效平衡了乘客与车主之间的供求关系。

我国出租车的价格已经处于低价位，滴滴快车、人民优步等产品的价格比出租车还要低，因此，在高峰或者堵车时段，滴滴快车、人民优步需要平台补贴才能够保证其收回行车成本。因此，在现阶段，不管是滴滴还是 Uber 仍然处在贴钱阶段。

Chapter 3

第 3 章

大数据交通：一场颠覆性技术革命

3.1　大数据时代下的智能交通

3.1.1　大数据信息技术与智能交通系统

近几年来，世界各国掀起了大数据应用的热潮，可以说，大数据时代的到来是历史发展的必然趋势。所谓大数据，指的是规模庞大的信息、海量的数据，其信息量大到不能利用当前市场上存在的处理软件来对其数据进行分析，有针对性地过滤，也不能以此作为参考数据服务于人们的决策过程。

《大数据时代》这本书在推出后受到了众多读者的追捧，其作者为维克托·迈尔·舍恩伯格与肯尼斯·库克耶，他们在书中提出这样的观点：利用大数据分析技术处理信息需要将多种数据分析法结合起来，而不是像抽样调查那样简单。

大数据的特点包括大规模（Volume）、快速（Velocity）、价值（Value）、多样（Variety），4 个方面合称为 "4V"。身处于现代信息社会中的人们，被网络、通信、各式各样的电子商务包围在其中，每天都面临着大量的结构数据与非结构数据。

因此，不少人会将规模巨大的半结构化及非结构化数据统称为大数据，如果用关系型数据库来处理这些规模巨大的信息，除了要消耗大量的资金外，还很难达到预想的效果。也就是说，想要利用传统计算机技术来进行海量信息的分析与处理是不可行的。

随着科技的发展，运算能力不断提高，云计算应运而生，大大提高了人类对大数据的处理能力。人们每天都要面临规模庞大、变化多端的信息，将云计算方式应用到信息处理技术中，就能将这些数据保存到系统中，在人们产生需求时对其进行分析、处理，而且不会耗费太多成本。

20 世纪 80 年代，计算机技术从大型计算机过渡到客户端服务器，这是人类技术发展史上的一次重大变革，如今，云计算又使人类在处理信息数据的过程中迈进了一大步，也是一次不可忽视的变革。

随着交通系统的智能化水平不断提高，而所谓的智能交通系统指的是在交通管理中应用计算机技术、信息技术、电子传感技术及信息通信等技术手段，大大拓宽了管理部门的覆盖范围，提高了决策的科学性与准确性，提升了管理系统的运转效率。

智能交通系统将多种先进技术融合到一个综合平台中，包括控制技术、计算机技术、通信工程、交通工程等，能够充分发挥交通设施的作用，有效解决环境问题与交通拥堵，避免多种交通风险的发生。

3.1.2　从实践层面看大数据与智能交通

随着社会的发展、经济水平的不断提高，城市人口规模也逐年增加。杭州国际城市学研究中心对世界城市人口增长情况进行了统计，其结果显示，20 世纪中叶，城市人口占总人口的比例约为 30%，到 2008 年，已有一半的人口为城市居民，据其推测，到 21 世纪中叶，城市人口将占到总人口规模的 70%。也就是说，今后大多数人都会成为城市居民。

分析一下我国目前的交通情况。2014 年 5 月 1 日，京藏高速公路堵车 55 公里，成为"史上最长拥堵"。近年来，我国的多个一线城市都存在严重的交通拥堵问题。到底怎样做才能有效缓解交通拥堵？

另外，很多地方出现了拥堵后，后面的车辆还是前赴后继地驶向同一个方向，原因就是不能提前预测，相关部门也没有及时采取应对措施。如果在交通管理中应用大数据，就能大大提高管理部门的处理能力。

就当下的技术应用水平来说，大数据在交通管理系统中的作用主要有以下 5 个方面。

1）迄今为止，"一卡通"已经在市民的出行中得到了较为广泛的应用，交通部门可以对其记录的出行信息进行相应的分析与处理，并在此基础上构建系统化的交通模型，对出现的各种交通问题进行及时处理，提高决策的针对性，这种方式也属于大数据应用的范畴。

2）派遣工作人员在指定街区安装物联网传感器，对该路段的客流量及交通情况进行统计，同时整合其他管理系统收集到的相关数据，提高交通管理的智能化水平，能够为交通部门的决策提供更多的参考信息，提前对可能出现的交通问题做好规划，发布预警信息，及时处理问题。

3）利用卫星与遥感技术对交通情况进行实时监测，收集有价值的交通信息，将信息发送给交通管理部门，或者提供给配备接收终端的驾驶人员，使他们能够提前安排好出行路线，在前方出现拥堵时及时做出反应。

4）在所有出行人员中，出租车司机对交通信息的需求最大。因此，应该将城市主要道路的交通数据发送到出租车内配置的信息采集设备或其他信息终端上，让出租车司机能够随时了解所在区域的路况信息。当数据收集积累到一定阶段后，就能对城市的道路交通状况了如指掌，提前预知哪一条路线能够在其行驶过程中发生拥堵现象，做出科学决策。

5）如今，大部分城市居民都在使用智能手机，并通过手机上安装的地图 App 来查询相关信息，这些 App 的开发者或经营商就可以对这些数据进行统计，并利用大数据技术进行处理，在此基础上掌握某个地区的客流量、交通信息等，让用户做好出行规划。

专业数据分析结果显示，若交通管理部门能将其所在城市的车辆、道路及交通情况充分掌握在手中，那么，在理想的情况下，该城市的道路通行能力会提升两倍之多。从实践的角度来分析，城市管理部门应该采取措施，防止在同一时段内出现各种问题的"大碰撞"，以免加剧问题的严重性，努力使城市平稳发展。

Ⓟ ---

为了更好地解决城市问题，2011 年，杭州国际城市学研究中心投资建立了"西湖城市学金奖"，旨在鼓励市民为城市建设出言献计。市民提出的建议涉及多个领域，包括人口问题、环境卫生、教育、交通问题等，到 2015 年，相关部门收到的建议已经超过 1 万条。

每一年在活动举办期间，研究中心都会收到很多富有价值、实施性很强的意见，连负责对市民意见进行评估的业内人士与城市管理人员都表示认同。例如，在 2012 年该活动举办期间，评审人员从市民对交通问题提出的意见中筛选出一百条优秀计策，编辑成《缓解城市交通拥堵问题 100 计》，最终有四成的意见被杭州市交通管理部门采用并执行。

对此，杭州市交通管理部门的负责人表示，"西湖城市学金奖"评选活动确实有益于城市交通问题的改善。在对市民提出优秀的建议做出可行性分析后，交通管理部门将地铁换乘优惠、错峰出行等政策运用到实践中，并对停车收费政策进行了调整。

除此之外，活动期间，部分市民提出的有关交通管理与大数据应用结合的建议也受到专家好评，被交通管理部门所采纳。"杭州公共出行"App 受到专家的认可，该 App 上线后，其下载量超过一万次，被用户称为"最实用的出行神器"，如图 3-1 所示。

这款 App 本来只限于安卓系统下载，后来，其研发人员在原有的基础上对该产品进行了升级，使智能手机用户都可以连接微信服务平台。

"西湖城市学金奖"的设立能够汇集广大人民群众的智慧，提高杭州城市管理部门的处理能力，其他城市也可以借鉴这种方法，群策群力，一定能够有效缓解各地的城市问题，而这也是大数据应用的范畴。

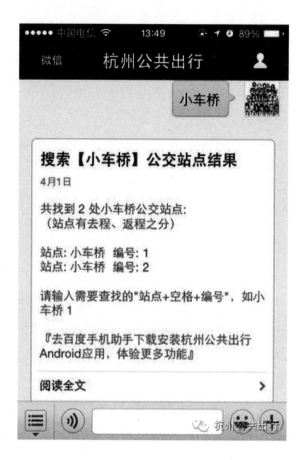

图 3-1 "杭州公共出行"微信公众账号

3.1.3　从发展趋势看大数据与智能交通

　　大数据的发展及应用已经成为不可逆转的必然趋势，当前我们应该做的是立足于宏观发展的角度，对大数据本身以及它在智能交通中的应用进行深入的分析。大数据是否可以称得上是一次彻底的变革，还是仅限于技术层面上的进步与升级？在上文中我们已经阐述过，大数据的应用离不开云计算。

　　只用一台计算机是无法满足大数据对信息处理的需求的，而且，普通的网络计算能力无法在有效时间内完成计算任务，只有分布式计算架构才能达到要求。这种算法可以在大量信息中筛选出最有价值的那一部分，只有云计算中的分布式数据储存、分布式处理及虚拟技术才能实现。

立足于技术层面的角度分析，大数据与云计算之间好比是手心与手背的关系，缺一不可。对此，业内人士也曾发表观点，认为只有通过云计算才能解决与大数据相关的问题。

大数据拉开了时代改革的序幕，会使人们的社会生活与思维模式发生颠覆性的变化。人们的生活与工作都离不开出行活动，与其紧密相关的交通就对大数据的应用提出了较高的需求。如今，世界各国都在致力于促进交通安全、解决环境污染及提高运输效率，我国也在积极提高交通管理系统的智能化水平，目前，我国的众多技术应用都已经与国际接轨。

然而，还有很多交通问题等待解决。立足于宏观发展的角度来说，我国还要进一步提高对智能交通管理系统的利用率，分析结果显示，交通管理部门的覆盖范围还有待拓展，很多收集起来的信息都得不到及时的处理与分析，无法提前预知交通问题的出现，民众也不能及时收到预警信息。

因为不同地区对交通管理的重视程度不同，各地交通管理部门的工作效率及能力也有所区别，但综合来说，我国交通管理系统的智能化水平还需进一步提高，同时，要优化资源配置，不仅要加大投资，还要把引进的先进管理设备及技术手段应用到实践中。另外，还需要改变传统的思维模式，应用大数据与云计算，不断挖掘半结构化与非结构化数据的价值。

虽然我们已经进入了数字化时代，但数字化并不等同于数据化，数字化虽然能够在一定程度上实现信息统计与应用效率的提高，但它不能从根本上改变我们的生活与思维模式。大数据则能够带来创新式的应用与变化。

在传统的小数据模式下，我们注重的是计算的精准性，相比之下，大数据更加注重从整体上掌握事物的发展趋势；小数据注重因果关系的分析，大数据则更加注重事物之间的相关性，能够提高非结构化数据的利用率，通过数据分析的方式来处理问题，从整体上提高管理水平。

而且，大数据具有鲜明的全球化特征，能够进一步加强我国与西方国家的联系，如果能够抓住机会，就能缩短我们与发达国家之间的差距，也不排除会在特定领域将发达国家甩在身后的可能。

大数据是一把双刃剑，它在带来机遇的同时，也使我们面临更多的问题：**第一，我们需要在明确数据的属性、价值及本质的基础上才能进一步挖掘其价值；第二，大数据在应用过程中会涉及信息安全及隐私保护问题；第三，整合信息资源需要强大的技术支撑；第四，目前在专业人才上还存在缺口。**

科技改变着人类社会生活的方方面面，进入 21 世纪后，大数据在交通管理系统中的应用将为城市交通问题的解决发挥重大的作用。在深入分析城市问题的过程中，一定要发挥大数据的力量，加速新技术革命的进展，从整体上推动人类社会的进步。

3.2 "大数据 + 交通"的发展机遇与挑战

3.2.1 "大数据 + 交通"对传统交通的颠覆

如今，"大数据"已成为全球关注的焦点，各国都期望能够在各个领域中发挥大数据技术的作用，推动整体经济的发展。举例来说，美国于 2012 年 3 月底正式推出"大数据研发计划"，该计划的目的是使人们能够更好地驾驭并利用海量信息，提取其中的价值，提高美国整体的科技应用水平，改进当前的教育体系。

如今，我国一些大城市（北京、上海等）的交通问题愈加突出，很多一线城市都面临严重的交通拥堵问题，随之而来的还有环境污染与交通事故频发等问题，要想改进交通问题，最重要的就是对交通管理体系进行深入的分析研究。而对交通管理体系进行深入分析的基础是要能够在极短的时间内提取所需的交通信息，从目前来说，大数据管理是最合适的解决方式。

随着经济发展及生活水平的提高，人们的购买能力不断增强，为了出行方便，越来越多的城市居民配备了自己的车辆。这使得城市道路系统原本的平衡难以继续维持，而交通需求日益复杂，之前的管理模式已经无法适应，因此一些大城市面临的交通问题日趋严重。

将大数据管理应用到交通系统中，是对传统管理模式的颠覆性创新，也使得公共交通管理体系呈现出全新的面貌。不仅如此，很多传统方式无法解决的交通问题也可以迎刃而解，因为"大数据 + 交通"有以下四大价值，如图 3-2 所示。

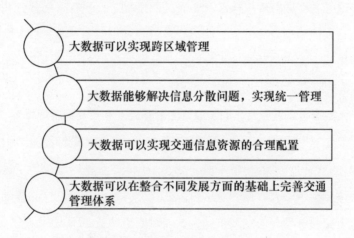

大数据可以实现跨区域管理

大数据能够解决信息分散问题，实现统一管理

大数据可以实现交通信息资源的合理配置

大数据可以在整合不同发展方面的基础上完善交通管理体系

图 3-2　将大数据应用于交通管理的四大价值

（1）大数据可以实现跨区域管理

政府为了提高管理效率，将我国分成各个行政区域。区域的划分能够使各个地区在中央统一管辖下进行地方的自我管理，也使得各地区都将关注重点放在所辖区域之内，这就导致了区域与区域之间的交通及其他基础设施的管理不是十分到位。

如果将大数据应用到交通管理体系中，就能够突破行政区域的边界限定，使各个地区在遵循相关原则的基础上各行其是，提高管理的科学性。

（2）大数据能够解决信息分散问题，实现统一管理

大多数城市的交通运输管理机构处在不同部门的管辖之下，相互之间的联系不是十分紧密，这就导致管理无法集中，交通管理出现信息集成困难、内容不够翔实等问题。

大数据的应用能够提高交通信息体系的综合化管理程度，将所有具备分析价值的信息进行统一收集，提高信息的利用率，完善交通管理体系。利用大数据技术对信息进行处理与分析，能够为交通问题的解决提供技术支持，缓解大城市各方面的交通压力。

（3）大数据可以实现交通信息资源的合理配置

许多地区的交通管理机构没有明确的职责划分，也有一部分公共交通管理机构存在重复性职责划分现象，所以导致资源利用效率不高。将大数据应用到交通管理体系中，可以为管理人员在制定计划时提供科学的指导，明确不同交通管理机构的职责，实现信息资源的合理配置。

（4）大数据可以在整合不同发展方面的基础上完善交通管理体系

按照以往的发展方式，为了缓解交通压力，会在基础性建设中引入更多的资本，增加道路可容纳的车辆规模，然而，有限的土地资源决定了这种解决方式已经不适应需求。大数据的应用可以在充分考虑到相关制度的基础上发挥技术优势，将交通管理与信息技术结合，同时使土地资源不再对交通问题的解决形成过多的限制。

3.2.2 "大数据＋交通"模式的四大优势

"大数据＋交通"模式的四大优势如图3-3所示。

（1）推动公共交通高速运转

要解决公共交通问题，需要在各个方面进行调整，这时候就要充分发挥大数据的优势。大数据的计算工作量会随着数据库中输入的数据量的增加而减少。也就是说，当应用大数据来管理公共交通的车辆时，输入处理系统的信息增多，其消耗会降低。这样的管理模式可以从根本上推动公共交通运转速度的加快。

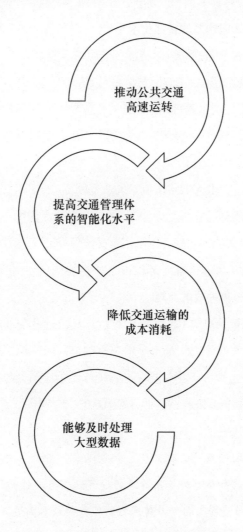

图 3-3 "大数据+交通"模式的四大优势

举例而言，美国洛杉矶研究所的分析结果证明，若车辆运营效率提高，只需原本 16% 到 54% 的车辆即可完成相当水平或者更高水平的运输。英国伦敦将大数据应用到交通管理体系中，加速了整体交通运转。在车辆要进入拥堵街区时，驾驶员会接收到传感器发送来的最佳行车建议。

（2）提高交通管理体系的智能化水平

大数据应用具有很强的即时性特征，当用户需要对数据进行处理与分析时，大数据就能够进行智能化操作，将处理结果以清晰明了的图形方式展现在用户面前，帮助其解决问题。交通管理体系的智能化主要通过以下两个方面表现出来。

1）若某个街区出现意外情况，大数据应用可以及时进行信息的处理，保证交通不会因此被阻断。

2）大数据可以进行提前预测，对公共交通情况进行监控。所以，即便驾驶员不能在先前预料到某街区是否会发生交通拥堵问题，大数据也能为其提供价值较高的参考。比如，大数据管理系统可以提前对驾驶者准备经过的路线进行各方面的分析，为其准备备用解决方案，若该路段发生拥堵，就可在驾驶途中提前告知。

（3）降低交通运输的成本消耗

在美国，用于房屋的成本消耗居于首位，其次就是交通消耗，虽然美国的司机一年当中的绝大部分时间都不是用在驾驶上，但一年下来，其花费在车辆上的资金却高达 8000 美元。尽管在交通管理体系中应用大数据需要消耗一些成本，但从长期发展的角度来看，这种方式节约的资金更多。

Ⓟ

以美国新泽西州的交通管理为例，长期以来，新泽西州在管理过程中采用的主要是交通摄录设备与路边传感器来传递交通信息，然而，有 95% 的道路信息都不在设备的监控范围之内，且传感器所花费的成本高达 2 万美元。

之后，新泽西州应用了 Inrix 系统（属于大数据应用的范畴），该系统由 INRIX 公司提供，专门为交通问题的解决提供专业性建议，可以为安装了其客户端的驾驶人员提供即时交通信息。虽然该系统每年消耗的成本高达 45 万美元，但总体来说，其处理能力提高了，覆盖范围也大大拓宽，大幅度节约了人们的时间与精力。

按照传统的解决方式，为了完善交通设施的建设，需要增加停车场的数量及规模，一般情况下投入的资金也要超过 100 万美元，但很多城市因为成本消耗太大而一再搁置交通问题，大数据在交通管理体系中的应用，既能够降低成本消耗，还能从根本上解决城市交通问题。

（4）能够及时处理大型数据

在交通管理体系中应用大数据之后，就能够在短时间内对大型数据进行分析与处理。大数据在信息处理过程中应用了云计算及云操作系统，既可以对海量数据进行及时的处理，又能够对交通信息进行全天候统计与分析，同时可以实现跨区域信息的处理。这正是很多城市当前面临的交通难题。据相关消息透露，国际商业机器公司（IBM）打算构建智能管理系统用于交通管理中，当发生交通事故及其他意外情况时，能够尽快制定出最佳方案指导人们的行动。

目前，无论是硬件还是软件装备，都能够为大数据管理系统的应用提供足够的支持：在硬件方面，智能手机与无线设备的普遍应用为 INRIX 系统的开发及在交通管理中的实践提供了便利；在软件方面，越来越多的人开始使用专业解决交通问题的应用程序，如我们熟知的百度地图、谷歌地图等。

同时，不少的企业、高校及政府相关部门也支持将大数据应用于交通管理体系中。例如，美国加利福尼亚州的交通管理机构及当地大学中的 CCIT（创新运输中心）就在交通信息的管理方面开展合作，以便为诸多的白领人士提供便捷的交通信息。此外，诸如苹果公司在为用户提供交通数据时也应用到了大数据。

如今，大数据的应用不仅涉及到企业生产，还将触角延伸至其他领域，除了能够提高企业的生产效率之外，大数据也能为人们的生活带来诸多方便。信息通信技术水平的提高，使交通运输过程中产生的信息愈加复杂，对于用户而言，最重要的就是在海量的信息中寻找到对自己有价值的数据。不过，需要注意的是，大数据管理的应用是有一定风险的，它在承担处理交通信息的同时，也可能对用户的隐私保护构成威胁。

3.2.3　"大数据 + 交通"模式存在的问题

（1）如何开放公共交通数据

智能交通管理系统的发展水平与数据的公开化程度息息相关，但是，西方国家的大部分城市在交通信息的管理上仅限于私人数据库，政府相关管理部门的作用仅仅是对私人数据库进行性能的检测及调整。

这种信息管理方式的开放性较低，无法进一步挖掘信息的价值，为了改变这种情况，只能对交通数据实施开放性管理。信息公开能够带来诸多便利之处：对于政府来说，信息公开有利于树立起良好形象；对于企业来说，信息公开能够增加其收益；对于普通民众来说，信息公开能够保障其决策参与权。所以，要提高交通数据的利用率，就要提高信息的公开化程度。

（2）个人隐私问题

在深入分析及整合数据资源的基础上，能够开发出新的应用程序，为人们的决策提供参考信息，进而产生商业价值。大数据的应用使人们能够更加方便地获得信息，也使一些用户担心个人隐私会受到侵犯。在传统模式下，匿名登录及密钥的使用能保证人们的个人信息不容易被泄露。

在现代信息社会下，大数据的应用大大提高了信息的传递速度与传播范围，如果在管理过程中出现差错，就可能导致个人信息或商业机密被非法窃取。比如，某个用户的地理位置、日常行踪等。若用户意识到自己的个人信息安全得不到有效保障，就会对大数据的普及产生心理上的排斥。

（3）交通数据的存取方式

大数据管理系统的应用对实时数据的统计与征集提出了较高的要求，然而，很多地区在统计车辆数目时，习惯于将数据信息保存成像 PDF 这样的静态格式，这种格式对智能设备的自动化检索造成了很大的阻碍，只能由专门的工作人员来完成信息查询任务，无法发挥物联网的作用。

能够利用智能手机、传感器等设备，对实时的交通数据及相关信息资源进行整合与分析才是交通数据物联化的体现。

3.2.4 "大数据＋交通"模式的4点建议

（1）广泛开放公共交通数据

虽然大数据系统中整合了众多信息资源，但真正能够用到的并不多。比如，交通管理部门每天都会征集大量的交通数据，但相关人员不懂得怎样进行选取与过滤。交通数据的开放能够加强政府部门与企业或专业机构之间的合作，能够弥补交通管理部门在专业人才方面的短缺，可以为管理部门提供技术支持，满足不同群体对交通信息的个性化需求。

所以，交通管理部门要进一步提高其信息的开放性，可以通过运营像Transportation Information Group 这一类的网站来为用户提供信息服务，同时，还要保证数据存储格式的多样化，便于系统自动检索与识别。另外，为用户提供数据分析工具，满足用户的个性化需求。

另一方面，相关部门应该鼓励用户参与交通信息的共享，当然，要在这个过程中确保用户的合法权益不会受到侵害。这样一来，政府部门就能与企业及用户群体达成合作关系，开发商可以通过提供信息服务来获取更多的利润，大数据的应用也能为城市发展带来更多的活力。

（2）**保护个人私密信息**

在大数据时代中，为了加强对个人隐私的保护，政府需要完善相关法律的建设，对数据的性质、传播范围、传播过程中需要遵守的原则，以及其应用目的给出明确的界定。为了确保信息的安全性，交通管理部门还应保证相关制度的实施，同时，要进行数据安全教育知识的普及，让用户能够依法保障自己的权益。

另外，无论是对数据资源的开发还是保护，都要采取适度原则，交通管理部门应该努力做到在对数据进行开发的过程中不会危及个人的信息安全，既要为企业开发数据的商业价值提供便利，又要充分考虑到对公民个人私密信息的保护。

为了减少用户担忧个人信息安全问题，应该由公民个人决定自己的私人信息是否可以被公开，以及哪些个人数据能够被开发。另外，数据开发商的服务方式也要进行调整，只有在当事人知情且同意时，才能向用户发送其指定的信息服务。

（3）**提高交通数据存取的多样性**

应该在交通数据的数字化建设方面加大投资，增加数据存取格式的多样性，节约交通管理部门在这方面的人力资源消耗，方便对数据的深入研究。

所以，要使不同用户的信息需求得到满足，就要征集各方面的交通信息，在提高交通数据的数字化存储的同时，还要将筛选出的核心数据以纸质资料的形式存储在案，采取信息共享的方式，使交通管理部门获取更多的交通数据。另外，还可以通过用户自动收发交通数据的方式，推动信息共享，从整体上提高公共交通的智能化水平。

（4）提高交通数据质量

各个交通部门采用的数据存储格式是有所区别的，另外，其数据质量也会存在差别。所以，交通数据中心需要采取措施来提高交通数据的质量。

1）建立统一的质量标准。为了避免信息在发布中被篡改，要保证发布环境的公开化与透明化，这样才能保证数据的利用价值，避免出现信息误差，使用户能够放心地使用数据。

2）建立数据质量控制系统。在信息监测过程中，不仅要进行数据检查，还要对其进行评估，具体来说，交通数据中心要确保投入应用的数据有益于交通机构的正常运转及民众的利益，对数据进行严格的评审，避免其侵害个人信息安全。

3）鼓励用户在接收信息后，将问题及时反映给发送部门。用户在数据质量的提高方面发挥着重要作用，若用户发现信息存在偏差，可以通过反馈的形式要求相关部门进行及时纠正，对信息发布机构形成有效监督。

交通管理部门要严格控制数据质量，根据用户的需求，进行相关数据的征集与发布，提高信息服务的针对性。若政府部门在数据管理及发布方面无法满足民众的需求，可尝试发挥市场的作用，让数据提供商来运营与管理数据，并监督其运作效率与数据质量。

在现代信息社会下，大数据的应用不仅能够挖掘更多的商业价值，对企业的发展产生影响，还能使人们的社会生活发生变化。在移动互联网不断普及的今天，交通运输领域征集到的数据愈加丰富，在这种情况下，最重要的就是对数据进行处理与分析，满足用户的多样化信息需求。

所以说，大数据管理并非没有难度，管理部门既要根据用户需求进行数据的处理与分析，又要在尽可能保护好个人信息安全的基础上去开发交通数据的价值。总之，要想通过大数据的应用打造综合性的公共交通管理体系，还要在交通信息的获取及分析方面做更深入的研究。另外，要掌握建设智能交通系统的相关知识，并分析用户界面的调整及改进工作。

3.3　国内外"大数据＋交通"的应用与实践

3.3.1　美国：大数据在交通领域的应用

美国有不少地区已经将大数据应用到交通管理系统中。大数据在该领域的应用主要体现为以下 4 个方面。

（1）通过大数据的应用缓解拥堵问题

新泽西州在交通管理中采用了 INRIX 系统，该系统能够获取手机与 GPS 信号，提取其中的交通信息，为交通部门的决策提供参考。对这些数据进行过专业的处理后，可以更好地掌握该地区的交通情况，了解各个线路的运输情况，并能够据此找出交通拥堵问题发生的具体路段。

（2）通过大数据的应用来解决天气原因引发的交通问题

俄亥俄州的交通管理部门将大数据与云计算技术结合到一起，对道路交通情况进行实时统计。该州曾经遭遇暴风雪的严重袭击，州内主要道路的交通也因为大雪覆盖受到很大的影响，但交通管理部门通过大数据的应用，仅用了 3 个小时就缓解了此次危机。

在应对危机的过程中，俄亥俄州的交通管理部门利用 INRIX 系统收集到的交通信息，并结合相关的天气数据，及时掌握了清理州内主要道路所需的时间，为交通部门采取应对措施提供了有效的参考。在交通管理过程中采用大数据分析技术，可以避免很多交通事故的发生，不仅使人们的生命安全得到保障，也能够防止整体社会生活秩序被打乱。

（3）通过大数据的应用掌握道路交通状况

俄亥俄州的交通管理部门正在着手提高 INRIX 系统对交通信息的处理能力，希望能够进一步掌握州内主要道路的交通情况。

另外，他们还将大数据应用到高速公路交通的改善过程中，具体做法是：参考 INRIX 系统的分析结果，对主要道路的运输情况做出评估，找出运输效率低的路段，并为改进计划的实行提供信息依据。

（4）通过大数据的应用找到发生拥堵问题的地点

马萨诸塞州的首府波士顿，有意研发出一款能够显示在哪些地方发生交通拥堵问题的 App，这款 App 应用的原理与重力系统原理有很多相似之处。用户在使用智能手机的过程中，能够应用重力原理使手机方向发生改变，这就是我们所说的重力系统原理。

而这款程序应用的原理与重力系统原理的区别在于，该 App 可以感知到手机中的加速度计的细微改变，从而掌握各个街区的交通情况。这项技术也能够应用到路段的改善过程中，节约工程的成本消耗。据统计，波士顿在路段改善项目上的耗资规模非常大，每年仅用于道路测量方面的资金消耗就高达 20 万美元，除此之外还要修建减速带、安装检测设备等。

3.3.2　英国：Inrix 交通数据系统的应用

英国为了推进"连接城市"计划的顺利实施，投入大笔资金用于互联网建设，其中，用于 10 个重点城市的网络建设费用高达 1 亿英镑，此外，政府还拿出 5000 万英镑来完善其他地区的网络建设，良好的网络环境能够降低城市交通拥堵发生的频率。

英国政府之所以采取这样的措施是想通过应用大数据分析技术，结合智能化的管理系统，加强不同地区之间的联系，从整体上提高对城市的管理水平。"连接城市"计划的实施，可以利用大数据实现对基础设施资源的充分利用，加强不同管理部门之间的交流互动，进一步掌握城市的交通情况。另外，英国政府还非常重视对教育方面的改革，经过伦敦教育信息资源管理局的努力，该市的两千多所学校都安装了高速网络连接设备。

2012 年伦敦奥运会期间，Inrix 系统的应用也在交通管理过程中发挥了非常重要的作用。与 Inrix 系统相连接的应用程序能够为用户提供及时的交通信息，让用户在行驶过程中知道哪些路线出现了拥堵问题，使其能够及时采取应对措施，以下是两种与 Inrix 系统连接的应用程序。

（1） Inrix 交通

用户无需支付任何费用就可下载该软件。Inrix 交通上线后，下载量远远超过同类的其他应用。该软件可以对实时的交通运输情况进行分析，指引用户选择交通比较顺畅的路线，节约出行时间。

下载了该软件的 iPhone 手机用户在驾驶途中，只要用手指点击两下，就能以电子邮件或文本的形式将自己到达目的地的准确时间发送给约定的朋友，使双方能够在指定时间见面。

（2） Inrix 旅行收音机

英国的大部分司机习惯通过收听商业广播电台发布的交通信息，然而，这种面向所有用户的信息没有针对性。与其不同的是，Inrix 旅行收音机可以根据用户需求向其播报运输信息，能够满足用户对于公路、铁路及航空、船运等方面的信息需求。

不仅如此，Inrix 旅行收音机还能够向用户提供各个地区的最新旅游信息，为用户出行提供更多的参考。用户需要进行的操作非常简单，只要安装 Inrix 旅行收音机的程序即可，只要能够接收信号，就能通过收听广播了解当前的交通情况。

3.3.3　深圳：启动智能交通"1+6"建设

2000 年，深圳的智能交通指挥中心正式落成，体现出相关政府部门对完善该市信息化建设的重视程度。智能交通指挥中心在实施管理的过程中，结合了对闭路电视监控系统、交通信号控制系统及其他相关网络系统的应用，除了具备数据统计、信息监控的功能外，还能发挥管理及指挥作用。

交通运输的信息化建设能够直接影响到整体交通管理系统的运转效率，智能交通指挥中心在信息化建设中扮演着重要的角色，该部门与智能交通处一起，从宏观角度上掌握深圳的交通运输情况，整合全部的交通数据并实现资源共享，实时掌握交通情况的变化趋势。另外，深圳智能交通行业协会于 2007 年建立，其目的是为智能交通领域的发展提供平台化的支持，从整体上提高该市交通管理的智能化水平。

智能交通指挥中心主要通过以下方式来获取信息：一是安装在道路上的检测装置，如闭路电视监控；还有就是相关工作人员报告、群众反映上来的信息，如交警在执勤期间获得的信息。

2010 年，深圳着手开展智能交通"1+6"建设，计划在该项目中投入 10 亿元。"1+6"简练地概括出此项目包含的各个建设部分："1"指的是综合性资源整合及服务平台，其能够统一征集各个交通部门及相关管理机构的交通数据；"6"指的是综合性服务平台将在公共出行、交通决策管理、道路交通调控、交通指挥、交通检测以及交通管理决策 6 个方面发挥信息服务作用。

另外，深圳致力于在建设好交通运行指挥中心的基础上向外拓展其分支机构，旨在通过分支机构获得更丰富、详尽的交通信息，拓宽平台的服务范围，提高大数据的利用率，从整体上推动深圳市智能交通体系的发展。

3.3.4　百度：发布大数据引擎助力交通

2014 年 4 月 24 日，百度发布大数据引擎，赵冲久（交通运输科技司负责人）在此次发布会议上就我国大数据交通管理体系的发展趋势发表了讲话。北京的交通问题一直很严重，大数据在交通管理中的应用会从哪些方面改善其交通情况呢？

下面我们从交通大数据的获取方式、大数据的应用方面进行分析，让大家进一步了解当前我国在政策实施与科技应用上的结合。有人认为大数据离我们的生活很遥远，事实上，我们在日常生活中处处都能看到它的影子。

（1）交通大数据如何获得

赵冲久在讲话中表示，以前政府在决策时没有那么多的参考数据，如今，很多政策都要依据信息来决定是否可行。那么，交通管理的数据及信息是通过什么方式来获取的呢？

1）居民乘车时使用的"一卡通"。北京的交通管理机构中设有专门的管理系统，能够对一天之内地铁中的人流量进行准确的统计，也可以提取用户的出行路线，除此之外，使用"一卡通"乘坐公交车的人流量也能够进行详细统计，虽然也有一部分用户在乘坐公交车时使用现金，但专业统计部门可以按照比例统计出一天之内乘坐公交车的人数。

到目前为止，NFC 近场支付功能的应用在我国还未普及，若随着科技的发展，我们也可以实现 NFC 支付功能的普及，则居民的出行规模及相关信息可以更加精准地掌握在交通管理部门的手中。

2）**实时监控运输车辆**。自 2014 年 7 月起，开始施行《道路运输车辆动态监督管理办法》，该办法对运输车辆的监督进行了详细的规定，车联网系统的应用，能够将车辆的运行情况上传到全球定位卫星，相关部门就能够对车辆进行实时监控。

3）**车联网系统**。车联网系统的普遍应用使交通部门能够方便地统计车辆的出行规模，并在此基础上推算出全部车辆的出行状况。

4）**道路视频监控**。为了掌握交通运输情况，政府拿出大量投资用于相关设施的建设及维护。在重庆，一天之内有大约 50T 的数据被高速公路视频监控捕获，广州一天之内捕获的交通运输信息记录达到十几亿条，其数据规模在 220GB 左右。交通部应用道路视频监控，确实能够拓展其监控范围，获得更多的交通信息。

5）**与百度达成合作关系**。百度邀请交通部参与其战略会议，正是因为二者之间达成了合作关系。在合作中，交通部可以获得百度提供的地图生态，获取更加丰富详尽的交通信息。百度地图拥有非常广泛的用户基础，因而掌握了大量的用户出行信息，并在此基础上推出百度迁徙图，交通部若能参考这些数据来实施管理，就能大大提高决策的科学性。

除了上述方式，物流信息、船联网系统都可以进行交通信息的搜集，在这里不做具体阐述。

（2）**交通大数据的如何应用**

在大数据的应用过程中，一方面要进行信息统计，另外一方面还要利用技术手段对搜集来的数据进行深入分析，而交通部的分析技术还有待提高，在其与百度合作的过程中，就能够凭借百度的技术优势，从海量的信息中提取出对自己最有价值的部分。

可以采取多种手段来指导公交决策，最核心的 4 项功能如下。

1）智能公交调度。我国大部分一线城市都已实现了公交智能化，这种手段也是交通部对大数据应用较早的体现。在运用全球定位系统技术、GIS 地理信息系统技术以及 3G 通信技术的基础上，能够实时掌握运行车辆的情况，对公交车的线路、车辆进行调度，优化资源配置，而且也能缓解交通拥堵。智能公交调度技术正在逐渐被普及，如今，我国的很多城市都在着手建设公交智能调度中心。

2）在交通规划及决策中参考大数据信息。在制定交通规划的过程中，交通起止点调查必不可少，为此，在没有应用大数据之前，要委派大量工作者进行数据统计。"一卡通"普遍应用之后，交通部能够方便地掌握各方面的出行信息，除了明确客流量之外，还能获知车辆拥堵时间，据此来改进公交线路，从整体上完善城市的公交系统。

3）评估驾驶员。与百度达成合作关系后，交通部门可以方便地掌握驾驶员的出行路线、驾驶过程中的各方面表现，以此来对驾驶员做出评估，并将评估结果传送给交通管理机构及运输公司，为其招聘人才提供参考。另外，也可以将评估结果作为安全教育的样例。

4）预测群体出行情况。如今，百度地图可以预知一个城市 14 天之后能够达到的人口数量，在交通管理中运用这种预测方法，再加上获取的其他方面的信息，就能够对群体出行的总体情况进行推算，提前得知什么时候为出行高峰、哪条路线可能出现拥堵等，为出行车辆的调度提供参考依据。

站在用户个人的角度来分析，提前掌握了群体出行情况之后，用户在出行时也会更加方便，可以避开高峰期与拥堵的街区，节省用户的出行时间，并可提前设置路线。

身处科技不断进步的信息社会，政府也在谋求自身的发展与创新。从中可以得出的结论是，无论是人们的日常生活，还是国家的整体发展，都受到互联网的巨大影响，除了交通管理中对大数据的应用，微博问政就是一个很好的例子，信息的公开化在互联网的作用下不断提高，政府职能的具体内涵也会随之发生改变。

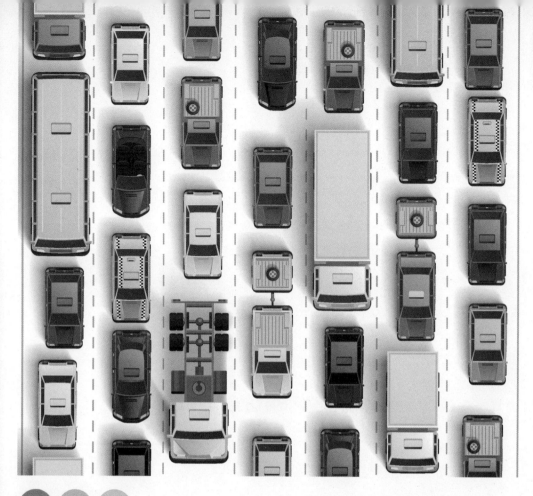

Chapter 4

第 4 章

物联网时代的交通物流智能化

4.1　物联网时代的智慧交通

4.1.1　物联网与智慧交通

我国经济的快速发展以及城市化水平的不断提高，造成了交通运输领域严重的拥堵、污染和能耗问题。因此，为了实现经济社会的健康可持续发展、优化人们的日常出行体验，需要对我国的交通运输行业进行转型重构。即借助日益发展的物联网技术，构建智慧交通生态系统，实现交通运输领域的信息化和智能化转型，从而顺应经济社会发展要求，满足人们安全、高效、多元、个性的出行需要。

（1）物联网的概念

2005 年，ITU（国际电信联盟）在其发布的《ITU 互联网报告 2005：物联网》中，正式对物联网（The Internet of Things）进行了定义：物联网是指借助射频识别（RFID）、传感器以及互联网等多种技术，进行物与物、物与人以及所有物品和网络之间的信息共享与连接，从而实现有效识别、定位、监控和管理的智能化网络。

简单来讲，物联网就是"物物相连的互联网"，是对互联网技术的进一步应用和拓展。因此，物联网也被认为是继计算机、互联网之后的第三次信息化革命浪潮，其发展的灵魂和关键是围绕用户体验进行的创新。

物联网融合了传感网、射频识别、移动互联网、云计算、模糊识别等多个领域的技术成果，是一种高度信息化、智能化的"万物互联"网络。物联网能够实现物与物之间的直接"交流"，并通过射频识别、传感器、互联网等技术实现对物品的全面感知、识别以及信息的存储、交换、共享，从而实现智能化的加工、处理和控制。

（2）智慧交通的概念

物联网、大数据、云计算等相关技术的深入发展与普及，为解决我国交通运输业的发展痛点提供了新的思路：从传统交通运输模式转向智慧交通和智能交通。

虽然智慧交通和智能交通有诸多交叉重合点，如两者都是对信息、传感、通信、大数据、云计算等多种技术的综合运用，在内容、关键点和方向上也有高度重合，但两者的侧重点和提供的问题解决方案并不相同。

智能交通主要是围绕"互联网＋"进行交通领域的信息化构建，以推动交通运输业的互联网化转型升级；而智慧交通则可以看作智能交通系统的关键内容，是对物联网、云计算等先进技术的有效集成应用，侧重于追求交通系统功能的自动化和管理决策的智能化。

智慧交通是对自动控制、无线传感、数据通信、移动互联网等多种技术的综合应用，以便对交通系统的各个环节和资源进行优化整合与高效利用，从而构建出安全、高效、环保、舒适的智能交通系统。

智慧交通是以构建智能交通生态系为最终方向，借助物联网、云计算等多种新技术，打造"高效、安全、环保、舒适、文明"的交通运输新形态；有效增强城市交通运输系统的管理和运作能力，为交通运输部门和相关企业的管理决策提供更加及时、全面、准确的信息支持；优化人们的出行体验，构建高效、快捷、安全、人性、智能的交通运输服务体系。

（3）物联网对智能交通的影响

随着城市人口和车辆的爆发式增长，不仅一二线城市的交通压力日益增大，就连一些三四线城市也开始出现严重的交通拥堵问题。同时，城市交通压力也不再局限于部分地区和上下班高峰时段，而扩展到了全区域和全时段。

交通是人们日常生活的主要内容之一，也是影响国民经济发展的十分重要的基础设施。而日益严峻的交通拥堵问题，不仅增加了人们的出行成本、降低了生活质量，也对社会经济的良性运行和协调发展带来了十分不利的影响。

物联网与传统智能交通系统在某种程度上有着共同的发展目标。因此，将日益兴起的物联网技术融入到智能交通特别是物流运输领域，有助于传统智能交通系统的优化升级，推动智能交通的跨越式发展。

1999 年，麻省理工学院的凯文·阿什顿（Kevin Ashton）首先提出了"物联网"这一概念。阿什顿认为：物联网是基于射频识别（Radio Frequency Identification，RFID）、电子通信、互联网等技术和设备，在没有人工干预的情况下，实现物品信息的智能化识别、管理与连接的网络。

2005 年，国际电信联盟（ITU）对物联网进行了阐释：物联网是指借助射频识别（RFID）、传感器以及互联网等多种技术，进行物与物、物与人以及所有物品和网络之间的信息共享与连接，从而实现有效识别、定位、监控和管理的智能化网络。

2011 年，中国信息通信研究院将物联网定义为：物联网是借助感知识别、电子通信、网络传输、大数据等多种技术，对物理世界进行感知识别、传输存储、计算处理和知识挖掘，实现人、物、信息之间的无缝连接与交互，从而对物理世界进行实时监控反馈和远程精确管理，以便做出更加科学合理的决策。

物联网融合了感知、控制、网络通信、计算机、嵌入式系统等多个领域的先进技术，是对日益发展的互联网技术的拓展和深化应用。

作为继计算机和互联网之后的第三次信息化革命浪潮，物联网当前仍处于起步阶段，其应用也多是探索性的小规模、小范围项目。从世界范围来看，发达国家由于技术上的优势而在物联网的发展中处于领先地位：美国的多个行业已经融入物联网技术，是对物联网应用最多的国家；欧盟各国在交通、物流、电力等领域对物联网技术的应用也已经初具规模。

具体到交通领域，虽然交通物联网与智能交通系统在发展目标、技术基础、应用范围等方面具有高度的重叠性，但是在更深层的应用逻辑和发展理念上却有着较大差异。

比如，智能交通系统是从管理服务部门的角度进行信息的采集、分析、处理与利用，是一种自上而下的信息开发应用方式；而交通物联网突破了管理者的范围限制，是自下而上地对能够触及的所有信息进行感知、收集和利用。因此，在信息资源的采集广度、精度和挖掘利用方面，传统智能交通系统都是无法与交通物联网相比的。

从这个意义而言，交通物联网是对传统智能交通系统的技术升级和理念转变，为智能交通开拓了更大的发展空间，也有助于更好地构建"高效、安全、环保、舒适、文明"的城市交通新形态。

4.1.2　智慧交通系统架构

智能交通系统是借助电子信息、移动通信、互联网和信息控制等多种先进技术手段，对交通系统各个环节的信息进行收集、分析、共享、整合与利用，从而建立起高效、智能、综合性的交通管理与服务体系，为人们提供多元化、一体化、个性化的出行体验。只是面对日益繁杂的道路交通信息和爆炸式增长的行车信息，如何有效收集、存储、分析、整合海量的大数据信息，成为构建智能交通系统的关键问题。

智慧交通即是针对这一状况而提出的一种新解决方案：通过对物联网和云计算为代表的智能识别、通信传输、移动计算、数据融合处理等新技术的有效集成应用，实现交通运输信息的有效获取、传输、存储、分析、处理和发布，从而建立起包含感知层、传输层、支撑层、应用层在内的综合性一体化的智慧交通系统，如图 4-1 所示。

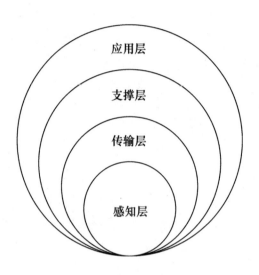

图 4-1　智慧交通系统的 4 个层次

（1）智慧交通系统的 4 个层次

1）**感知层**：即借助 RFID、二维码、传感器网络、移动通信、GIS 等技术，实现对人、车、路的全天候监测反馈，从而有效获取各种交通信息数据。

2）**传输层**：即通过互联网、移动互联网、卫星等各种通信设施和技术，把感知层所获取的信息及时、准确地传输到后方的综合性管理平台和数据中心，为下一步的数据挖掘分析做好准备。

3）**支撑层**：即利用云计算、智能处理、信息管理等多种技术手段，对获取的交通大数据信息进行深度分析、整合与处理，从而实现对交通资源的优化配置、动态管理和高效利用。

4）**应用层**：即通过智能交通信息综合管理服务平台，深度挖掘交通大数据信息的多维价值，并将其共享给不同的使用者，为管理决策、业务开展和交通服务提供有效的数据支持。

（2）智慧交通的主要系统模块

与上述 4 个层次相对应，智慧交通主要包括 4 个功能系统模块，如图 4-2
所示。

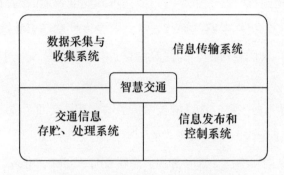

图 4-2　智慧交通的主要系统模块

1）**数据采集与收集系统**。RFID、雷达检测、GIS、GPS 导航等多种先进技
术的综合应用，大大增强了对城市交通信息的即时收集与获取能力，为交通系
统的整体调度和智能控制提供了及时、准确、动态的信息依据。

交通信息获取系统由不同的信息采集装备构成，所收集的信息包含了视频、
位置、车辆速度、道路流通量等多种不同的形式。因此，如何有效获取信息并
将不同模式的信息进行有效融合与处理，就成为建立智慧交通系统最为基础和
关键的一步。

2）**信息传输系统**。即通过电视网、通信网、计算机网、移动互联网等有线
和无线的信息传输渠道，将收集到的交通数据信息及时、安全、准确地传送到
后方的智能交通综合管理平台。

3）**交通信息存贮、处理系统**。面对海量的交通数据信息，还必须建立起有
效的信息存储处理系统，以便对接收的大数据信息进行筛选、整合、分析、处理，
为相关决策和服务提供有价值的数据信息支持。

4）**信息发布和控制系统**。即建立信息发布、交通导引、停车库空位信息、
信号灯控制、交通安全控制、突发事故处理等多种交通出行管理与服务系统，

真正发挥出智慧交通系统的功能，增强综合管理服务能力，优化人们的交通出行体验。

例如，根据对交通大数据信息的分析处理，及时发布不同路况的拥堵情况，为人们制定出行路线提供参考；根据不同交通要道的通行情况，合理地分配红绿灯时长，提高道路的通行效率；对突发性交通事故进行快速反应和处理，并及时向人们发布相关的路况信息，有效降低因突发事故而造成的交通压力。

总之，借助不断发展的物联网技术打造城市智慧交通系统，已经逐渐成为世界各个城市升级改造传统交通形态的主要方向。

通过智慧交通系统，交管服务部门能够及时、便捷、准确地获取各种交通信息，并通过对交通大数据信息的分析、整合、处理、应用，实现整体交通系统的智能化、信息化管理和控制，从而增强管理服务能力，优化人们的交通出行体验。

4.1.3　"物联网＋智慧交通"的五大优势

物联网技术能够在智慧交通中的以下 5 个方面发挥作用。

（1）城市公共交通

大力发展公共交通是解决城市拥堵和污染的有效手段，也是构建智慧交通系统的重要内容。通过"一卡通"信息系统，建立公交车、出租车等多种公共交通方式的一体化消费和服务平台，优化人们的公共交通出行体验；综合运用 GPS、RFID、人像识别、车载监控等技术，实时掌控车辆和路况信息，构建高效智能的公交调度系统；建立公交信息查询平台，使乘客能够随时获取需要的车辆信息，从而制定合理的乘车方式。

（2）物流信息化

物流是最能体现物联网技术优势的行业，也是该技术的主要应用领域之一。借助 GIS、运输导航、RFID 和移动互联网等多种技术手段，对物流车辆和货物进行实时监控管理；通过电子标签和智能识别系统，增强货物识别和信息收集能力，从而提高运营效率，优化整体物流系统。

（3）电子收费

物联网技术有利于建立和完善 ETC 系统，大幅提高道路收费站的通行速度，从而有效缓解交通拥堵压力，提升道路的利用效率。

（4）电子证照

通过射频识别等物联网相关技术，将传统的 IC 卡电子证件改造升级为可靠性、安全性、性价比更高的智能卡，从而更好地维护人们的交通信息安全；同时，在汽车电子牌照中运用 RFID 技术，也有利于增强相关部门对假牌假证的识别能力。

（5）设施监测

物联网技术能够对交通运输资源进行实时监测反馈，有效增强交通运输部门的综合管理与服务能力。为道路基础设施赋予电子标签，借助视频监测、信息传输平台等技术手段，随时获取车辆、道路等交通系统的具体状态信息；对智能交通大数据进行挖掘分析，建立综合性一体化的交通信息展示和服务平台，大幅提高交通运输系统的管理和服务效率。

4.1.4 "物联网 + 智慧交通"的三大实践

随着通信网络、实时控制、互联网等新技术的不断发展，各个城市纷纷开始打造智能交通系统，以解决日益严峻的交通拥堵问题。而将逐渐兴起的物联网技术融入到智能交通的发展中，不仅为城市拥堵提供了更有效的问题解决方案，而且也有利于智能交通发展实现质的突破，加快城市交通新形态的到来。

当前，不停车收费系统、实时交通信息服务和智能交通管理是物联网技术在智能交通领域的典型应用。

（1）不停车收费系统

ETC 系统是我国发展较早、也是当前比较成熟的智能交通系统，主要用于高速公路和道桥的过站收费，示意如图 4-3 所示。该系统能够在车辆以正常速度通过收费站时完成自动收费，从而避免了因停车交费而造成的交通拥堵，大大提高了道路通行效率。

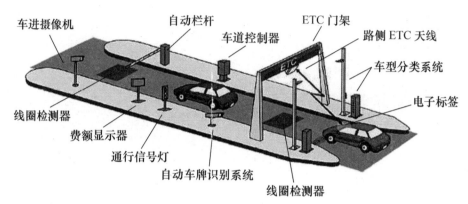

图片来源：齐鲁网

图4-3 ETC系统示意

ETC系统包含两个重要部分：车辆中安装的具有唯一性的电子标签设备，收费站中设置的电子标签读写器以及与之相关联的计算机收费系统。当车辆通过收费站点时，只需在系统预设的速度范围内行驶即可，而不必停车交费。标签读写器会与车载电子标签设备进行信息连接和交换；然后由计算机收费系统将车辆信息传输到后台服务器上；服务器再根据获取的信息识别出车主身份，并从其关联的银行账户中自动扣取通行费。

根据交通部的规划，"十二五"期间我国已完成6000条ETC车道、500万个电子标签用户的发展目标。中国银行、工商银行、建设银行、华夏银行等多家银行均支持ETC的业务办理。

（2）实时交通信息服务

将物联网应用到智能交通发展中，能够增强智能交通系统的实时交通信息服务能力，为人们提供交通线路、交通事故、安全提醒、天气咨询等多个方面的即时出行信息，大大优化人们的交通出行体验，是发展智能交通的重要内容之一。

通过实时信息服务系统，人们能够精确定位自身位置，了解所在道路和附近路况的交通情况，从而选择最佳的行车路线；可以获取附近的停车位信息，并预定车位。另外，通过实时信息服务系统，人们还能够随时查询公交车的位置和到站信息，从而更好地规划出行时间和线路。因此，实时交通信息服务是一个需要多部门协同、包含众多服务内容的综合类智能服务平台。

例如，2013 年 9 月，中兴通讯与宁波市交通委联合推出了"宁波通"免费出行应用程序。"宁波通"协同了交警、城管、气象等多个部门和几十个业务系统的交通信息，为市民在出行之前和出行过程中提供包括交通设施、交通工具、区域路况等全面实时的交通信息和多项便民服务，充分满足了人们出行的各种交通信息需求，极大优化了市民的出行体验。

（3）智能交通管理

智能交通管理是一个应用了无线通信、云计算、感知技术、视频车辆监测、GPS 定位系统等重要物联网技术的综合性智能项目，包含了多种物联网设备，如联网汽车用微控制器、RFID 设备、微芯片、视频摄像设备、GPS 接收器、导航系统、DSRC 设备等。

通过交通信号、匝道流量控制、动态交通信息牌等交通控制设备，智能交通管理平台能够获取整体区域中人、车、路的实时交通信息，从而增强交管部门在交通疏导、事故检测及处理、出行危险预警、交通安全保障等方面的能力，提高城市交通管理服务的智能化、自动化水平。

例如，智能匝道流量控制是智能交通管理的一个重要方面，已经被应用于美国 20 多个城市的交通管理中。在高速公路入口处设置的引路调节灯，能够有效引导车辆分流进入高速公路，从而大大提高了道路的通行和使用效率。

随着信息技术的发展迭代以及对社会生活的深入渗透，智能交通已经成为交通领域发展的主要方向，也是解决城市交通问题、优化人们日常生活体验的必然路径。就我国来看，打造智能交通必须依托"创新、协调、绿色、开放、共享"的发展新理念，协同多个部门、整合多方资源，积极利用大数据、云计算等为代表的物联网技术，打造一体化的智能交通综合系统平台，提高我国交通运输领域的智能化和自动化水平。

4.2　物联网时代的智能物流

4.2.1　物联网开启智能物流新模式

早在 1995 年，比尔·盖茨就在他的《未来之路》里提出了"物联网"的概念，是"物物相连的互联网"的意思。而在 2010 年，针对其发展战略与规划，中国工程院做了一个专门的课题，在这一课题中提到了其在各个行业中的应用，其中就包括物流业。随后，物联网这一概念就得到了迅速的传播，并在物流业内"火"了起来。

物联网被应用到物流业之后，催生了"智能物流"，即通过深入应用信息技术，将先进的互联网与物联网技术运用到物流工作的流程之中，使其多项环节都能实现智能化，并且能够对物流过程进行实时反馈，提升效率、降低成本。然而，目前对这一概念的诠释更多地还是停留在技术层面上。

对于技术在产业领域的推广来说，技术与产业的双驱动是必不可少的。所以，更值得我们关心的是，物联网究竟在物流产业内能发挥什么作用？换句话说，物流产业的需求是什么？

其实，产业驱动所包含的内容是多方面的，但是在物流业中，真正的核心却只有两个，即网络与流程。具体说来，就是怎样把网络充分利用起来以及如何进行资源整合，怎样对流程进行设计与管控。

实际上，无论是在哪个领域，应用物联网也不过是一种技术手段，真正的目标还是满足产业的内在需求，而物流业的目标就是实现智能化。

在这个物联网已经得到普遍应用的时代里，智能发挥出了越来越大的能量，不仅能够获取物流运输过程中的各种信息，还能将这些信息传输到数据中心，数据中心再据此做出判断并进行控制与调整。

也就是说，所谓智能就是一个控制反应的过程，是动态的且不断进行调整的，而调整的依据就是那些采集到的实时信息，需要动起来的，也需要网络，因为这都需要在线运行。由此，我们可以了解到当前智能的 3 个主要的特征，即自动化、信息化以及网络化。

智能物流作为未来的发展趋势，说明了信息化在物流行业产业驱动的核心已经实现了动态、实时的选择与控制的管理水平。所以，业内企业在对信息化进行定位时一定要充分了解自身的实际水平、深入研究用户的需求。

随着信息技术不断地更新与进步，物联网的应用越来越广泛，这对物流信息化会产生什么样的影响呢？在当前的物流信息系统建设中，有什么新的趋势以及因素是需要考虑的呢？我们可以从以下 5 个方面进行具体阐述，如图 4-4 所示。

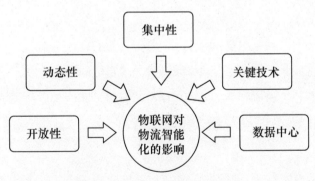

图 4-4　物联网对物流智能化的影响

（1）开放性

在以往的信息系统建设中，最主要的目的是管理好自己的流程与资源，如今要建设的信息系统则更为开放，既能够进行社会信息、外部信息的共享与交换，还能够将自身的信息向社会发布。

诸多案例已经向我们证实了这样的系统能整合外部信息、对外发布自身信息，并且能够从中获得收益，那么原因何在呢？实际上，物流企业在管理前期是有着"二八法则"的，也就是说企业要想实现 80% 的服务水平，只需要将车、人以及仓储等管好就可以了。

当然其他的因素也不是没有，但是真正能产生影响的却很少，在此情况下，物流企业若想要再上一层楼就显得比较困难了。服务水平可以很容易达到 80%，但要在这个基础上达到 90% 或是 95%，就必须加强与外部系统的沟通，否则是不可能实现的。

（2）动态性

在当前社会，企业能否得到发展取决于能否适应如今飞速变化着的外部环境，以及是否能提升精细化管理水平。而要做到适应不断发展变化着的复杂的外部环境，就必须要"动起来"。

此时，定位信息就成为了一个基石。那么究竟何为定位信息呢？其实就是时空信息以及识别信息之间的一个组合，而这将会成为对物流业进行动态管理的一个信息元。

（3）集中性

在信息技术得到普遍应用的今天，各行各业的大企业都在努力地加强对信息化的建设，如此形势之下，集中管理成为了重要的发展方向，而且信息化在整合网络资源和管理流程等方面的应用有了越来越明显的变化。所以，实行集中管理对信息处理与服务能力的提高极其有利，毕竟分散的信息是很难进行加工与提升的。

此外，从事信息加工服务的专业人才是比较稀缺的，必须将之集中起来才能够更好地建设数据中心。所以，集中化是近来信息化建设所呈现出的重要特征。由此我们可以看到，与之相关的技术服务也在迅速地发生着变化，如信息服务外包技术、云计算服务等。

（4）关键技术

具体说来，相关的关键技术主要有以下 5 种：

1）**识别技术**，通俗地说就是 RFID、磁卡等信息采集技术、传感器等；

2）**移动通信技术**，如大众广为熟知的 3G 网、4G 网等无线通信技术等；

3）**智能终端设备**，在物流领域中，其信息化所特有的设备是发挥移动信息平台作用的，具备多种功能，包括搜集信息、通信、传感等；

4）**位置服务**，随着智能移动终端的普及，这一技术得到了广泛而迅速的发展与传播；

5）**商业智能技术**，这一技术能否在未来的发展趋势中成为热门，基本取决于企业能否充分利用其来进行信息加工与处理以实现决策与增值。

（5）**数据中心**

其实，数据中心一直以来都是比较容易被忽略的，也就导致了推进物联网的过程中遇到了不少无法进行统一解决的问题。而随着成功案例的接连出现，我们发现这些案例都是以数据中心为重，那些发展迅速的经济实体基本都属于数据中心类型。

如今在国内发展如火如荼的阿里巴巴，以及在国际上举足轻重的谷歌、苹果都是属于这一类型的企业，它们都是通过自己建设的数据中心来解决在发展过程中所遇到的人才、体制、流程、标准等种种问题。毕竟，推行物联网是不能等的，若是要等到上述所有问题都解决之后再着手的话就为时已晚了。所以，要大力建设与发展类似的数据中心。

既然如此，那么我们下一步所面临的课题就是如何建设与发展数据中心，而这正是我们之前所忽略或很少研究的。

此外，建设数据中心还有一个要着重考虑的问题，那就是公共信息平台的建设。事实上，在以往的建设中，多数都与数据中心的发展轨道不符，经常出现的情况是公共平台的设计者与运营者是不相干的。

当前已经有了数据中心化的经济实体，主要有两种情况：一种是比较成功的公共平台；另一种是实体向数据中心转化。北京的物美集团就是后者的一个典型例子，此企业是根据所积累的数据来制定相应的销售方案，再据此来制定采购方案，然后再依次制定物流配送方案、作业单等。根据这一流程来工作的话，就解放了大多数非专业的员工，降低了对人的依赖程度。

尽可能地降低对人的依赖，其实就是智能化。所以，智能物流就是工作流程的决策管控不再依赖现场人员，而这正是物流业未来的发展方向。

4.2.2 物流产业转型升级，释放千亿元级市场

从中国产业信息网发布的《2015～2020年中国智能物流行业研究及市场展望报告》中可以看到，随着近几年我国电子商务的发展成熟以及人们网购习惯的养成，物流行业进入了井喷式的急速增长阶段：物流需求系数从2000年的1.7上升到2013年的4.0，增幅高达97%；2014年社会物流总额为213.5万亿元，同比提高8%。

作为国民经济的基础性、支柱性产业，物流系统包含了运输、配送、仓储、包装、搬运装卸、流通加工以及相关的物流信息等众多环节。因此，建构合理高效的物流体系，对降低货物流通成本、推动产业升级，乃至提高整体经济运行效率，都有十分重要的促进功能。

特别是"互联网＋"时代下智能物流的不断发展，更是以不可逆转之势推动着相关领域的转型升级。比如，从技术装备的层面来看，一个物流工程项目包括仓库、输送、拣选、搬运、软件和项目规划几个部分，如图4-5所示。因此，智能物流的发展也势必会带动这些领域的技术升级与创新，实现智能化、信息化转型。

中国物流技术协会的数据显示，2013年我国物流市场规模超过了360亿元，至2016年则有望达到778亿元，我国物流系统市场规模测算走势如图4-6所示。同时，按照当前大约1:3.8的物流需求弹性系数来看，我国物流需求市场的增速将显著高于GDP的增长速度。

参照日本物流系统设备的比例结构，并结合当前国内物流技术和装备的市场规模，可以估算出我国物流系统中不同技术与装备的细分市场需求结构。

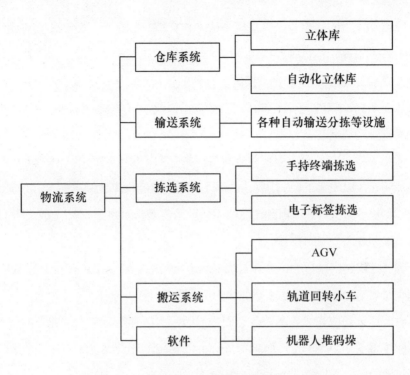

图 4-5　物流系统分类

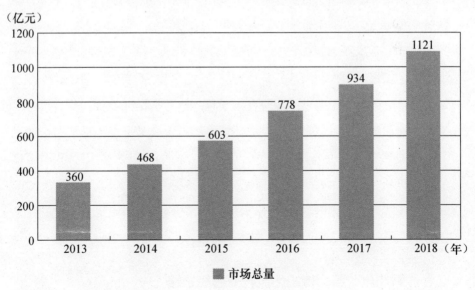

数据来源：中国物流协会

图 4-6　我国物流系统市场规模测算走势

以自动化立体仓库为例。从投资成本与存取时间来看，自动化立体库的初期投入成本很高，不过其存取时间成本却很低。根据相关计算，自动化立体库的最低成本为每座 1000 万元，具体为 30% 的货架费，30% ~ 35% 的堆垛机、输送带、提升机、RGV 等系统集成设备成本，以及 30% 的核心控制系统、软件和系统集成商的利润支出。

而如果将人工、吞吐和用地成本等计算在内，那么自动化立体仓库的优势会更加明显。以库存 1.1 万托盘、月吞吐一万托盘的冷库为例：在人工成本、吞吐成本和用地面积方面，自动化立体库分别为普通仓库的 21.9%、55.7% 和 13%，总投资仅为普通仓库的 63.3%。

因此，构建自动化立体仓库是发展智能物流的必然要求，有利于节约成本、提高仓储效率，更好地满足不断变化的市场需求。

由于订单获取和业务拓展等方面的原因，2014 年自动化仓储业务的营业总额同比下降了 76.3%，仅有 2438 万元；而随着自动化仓储业务的好转，2015 年上半年该业务的创收额度就达到了 7603 万元。

同时，电商、冷链、医药等都将成为自动化仓储新的重要市场。艾瑞咨询的数据显示，我国 2014 年的网购市场规模为 2.8 万亿元，同比增速为 47.4%。庞大的网购市场必然会持续推动电商物流的发展，自然也就为自动化立体仓库开拓了广阔的应用空间。

另外，冷链物流的市场需求也在不断增加。特别是随着近两年生鲜食品的网购规模以近 110% 的速度持续增长，更是大大推动了冷链物流的快速发展。德国战略管理咨询公司罗兰·贝格（Roland Berger）指出，我国冷链物流市场规模正以 25% 的年复合增长率持续增长，预计 2017 年将达到 4700 亿元。这一巨大的市场需求无疑将会为智能物流企业提供更加多元化的业务拓展方向。

4.2.3 智能化改革：传统物流行业必经之路

在"2010 年国家标准制修订计划"中，国家标准化管理委员会对冷链物流、汽车及零部件物流、应急物流、钢铁物流、仓储技术等领域的标准发展进行了规划指导。

近几年，随着网购市场的发展成熟，落后的仓储物流系统已经越来越无法满足人们的消费需求，急需通过智能化变革建立高效的现代物流体系。特别是在冷链、医药、汽车、服装等垂直细分物流市场中，智能物流已经成为最为紧迫的需求。

（1）冷链运输的高损耗现状，需要智能物流进行有效监督和预警

我国电子商务的发展水平处于世界领先地位，但落后的物流系统，特别是冷链物流发展的滞后，却严重制约了国内网购市场的深化发展与开拓。

我国冷链物流还处于发展初期，综合应用率仅为 19%。具体来看，美、日等发达国家在果蔬和肉禽方面的冷链流通率分别为 95% 和 100%，而我国仅有 5% 和 15%；即便在更易储藏运输的水产品方面，冷链流通率也只有 23%，远低于发达国家的流通水平。

在冷链运输损耗方面，我国生鲜运输的损耗率极为严重：果蔬、肉类和水产品的流通损耗率分别高达 20% ～ 30%、12% 和 15%，而发达国家的这一数据只有 5% 左右。因此，如果通过智能化改革将我国冷链物流的腐损率降低到发达国家水平，那么果蔬、肉类和水产品的供给量将分别增长 19% ～ 36%、8% 和 12%。

我国冷链物流滞后的一大原因是智能化水平不高，无法实现物流、商流与信息流的有效连接、整合与交互。例如，拥有领先冷链物流体系的加拿大，就是通过构建农产品信息的一体化综合监管系统，实现了冷链物流的信息化、自动化和智能化运营，在提高效率的同时又大幅减少了损耗。

该综合系统包括仓库管理系统、电子数据交换、运输管理系统、全球定位和质量安全可追溯系统等内容，能够随时监管整合冷链物流的各个环节，实现物流、商流和信息流三流合一。另外，GPRS+GPS 双模块智能一体化冷链监控系统，能够增强冷链物流的集群化管理能力，实现对物流损耗的有效监控和提前预警。

（2）智能化变革能够提高医药物流效率，降低医药价格

相关数据显示，我国中成药和化学药品的出厂价格并不高，分别只有市场零售价的 20% ～ 25% 和 10% ～ 20%。不过，落后的物流体系却大大抬升了医药物流成本，最终造成高昂的零售价格。比如，2012 年我国医药制造业的物流费用率高达 11.6%，而同时期的日本仅为 1.7%。

医药作为一种比较特殊的商品，常常因具体品种、形态等方面的差异而对物流系统有着不同的要求，如有的需要冷藏运输，有些则对稳定性或时间性要求较高。

然而，当前国内医药物流系统主要是由各个医药厂商自建自营。这不仅造成医药物流系统规模小、重复建设严重，还导致不同医药厂商的物流体系各自为政、效率低下，难以在整体上形成协同效应。

因此，通过智能化变革对现有的医药物流系统进行优化重组和改造升级，能够提高效率、降低物流成本，进而增强医药企业的市场竞争能力。

（3）物流集约化和智能化转型，有利于拓展汽车零部件供应物流发展空间

与医药物流一样，当前我国汽车零部件供应物流系统也是相关供应商自建自营的，即根据整车厂商的产品需求，各个零部件供应商自行组织物流将零部件运送给整车厂商。然而，汽车零部件供应商多而分散必然会导致这种物流模式效率低下、浪费严重，无法获得集约化的规模效益，从而大大抬高了零部件的物流成本。

引入智能化第三方物流，在整车厂商附近建立物流仓储调配中心，将众多分散的小规模自营物流系统整合协同起来，必然会大大提高物流效率。同时，智能化变革还能够为原材料供应商、零部件供应商和整车厂商提供一个网络化、信息化和智能化的即时连接与交互平台，增强生产与物流的精准性和时效性。

（4）智能物流是服装行业短周期强周转特性的必然要求

服装销售的周期性和季节性很强，容易产生大量积压库存，甚至有些厂商的服装库存额几乎等同于市场销售额。产品的大量积压和高昂的库存成本，势必会严重影响厂商的资金流转，并最终削弱它们的持续发展和市场竞争能力。

因此，构建智能物流系统以大幅提高物流管理能力，满足服装产品高速周转的要求，无疑是降低国内服装业库存成本，提升竞争力的一个重要手段。

Ⓟ ━━━━━━━━━━━━━━━━━━━━━━━━━━━━━━━━

世界四大时装零售集团之一的 inditex，近年来凭借旗下品牌 Zara 的强力扩张，一跃成为全球最大的时装集团公司。而 inditex 能够实现弯道超车，主要得益于公司智能化的全程供应链管理模式创造了一个难以超越的服装周转速度。

例如，一件服装从设计生产到最终进入门店，我国服装行业平均需要 6 到 9 个月，国际名牌一般为 120 天，而 Zara 仅仅只需要 12 天左右。

━━━━━━━━━━━━━━━━━━━━━━━━━━━━━━━━

4.2.4 智能物流迎来了发展的"黄金阶段"

我国经济正全面迈入以提质增效为特征的"新常态"，产业结构不断优化升级，科技与创新成为发展的核心驱动力量。同样，物流行业也需要在经济新常态下不断突破创新，实现从传统物流模式向现代物流体系的转型升级，为整体经济发展提供有力的物流支撑。

"互联网 +"行动计划、"工业 4.0""中国智造"等一系列发展战略的出台，新技术与新业态的不断涌现，为传统物流的智能化、信息化转型提供了契机和动力；同时，生鲜电商、跨境电商等新市场领域的不断开拓发展，也为智能物流创造了巨大的应用市场。因此，从总体来看，我国智能物流已经进入到发展的"黄金阶段"。2008 ~ 2014 年我国智能物流市场规模如图 4-7 所示。

（1）"互联网 +"升级传统物流实现智能物流

借助"互联网 +"升级传统物流服务系统，制定更能反映新常态下物流市场需求的行业标准和规则，为信息化、智能化物流的发展指明方向；同时，要积极依托最先进的信息技术建立完善的现代物流服务体系，有效整合 O2O 线上线下资源，充分满足经济新常态下对物流服务的需求，发挥智能物流在经济新常态下的基础性和支撑性作用。

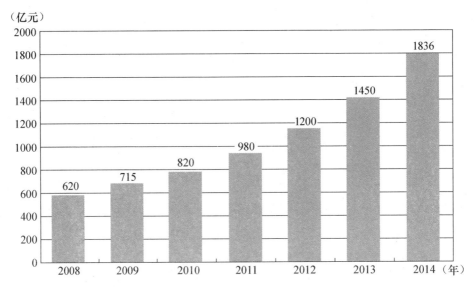

（亿元）

数据来源：中国产业信息网

图 4-7　2008 ～ 2014 年我国智能物流市场规模

有研究指出，"互联网 +" 与传统工业的融合将在未来 20 年为我国创造出超过 3 万亿美元的 GDP 增量。其中，融合 "互联网 +" 后的智能物流产业将在其中占据着十分重要的地位。

（2）生鲜物流需求促进智能物流的大发展

作为农村电商的一个重要部分，越来越多的资本也开始进入生鲜行业。生鲜物流市场需求的不断增长推动了传统物流的智能化转型：生鲜物流市场需求巨大，为智能物流提供了广阔的应用空间；同时，当前生鲜物流的低流通率和高损耗率，导致生鲜配送成本高、顾客消费体验差，严重制约了生鲜电商市场的挖掘和培育，因此需要发展智能物流来有效应对不断变化的市场需求。

与其他领域相比，生鲜电商市场规模小、竞争弱，在我国整体电商市场中的占比也微不足道。全程供应链管理能力的缺乏、生鲜物流系统的落后，导致 "最后一公里" 问题难以解决，阻碍了生鲜电商的进一步发展。

"无物流，不电商"，建立更为高效的智能生鲜物流系统，是满足市场对物流服务的 "最后一公里" 需求、推动生鲜电商发展的前提和基础。因此，生鲜电商要从以资本布局为主，转向更加注重发展高效的智能物流系统，依托大数据等先进技术精准把握市场特质和需求痛点，为消费者创造全新的生鲜物流体验，从而提高他们的黏性和重复购买率。

（3）"一带一路"走出去的智能物流产业

"一带一路"的国际化协同发展战略，有利于推动我国建筑工程、装备制造和交通运输等多个领域真正"走出去"，构建国际化的产业营销网络。而国际化营销网络的构建，必须以强力高效的现代物流系统作为支撑，智能物流成为必然选择。

通过区域大交通系统和依托信息技术的智能物流系统，第三方物流服务企业能够针对不同区域的市场特质进行更为合理的物流仓储布局，增强全程供应链管理能力，从而实现不同区域间的协同联动，推动沿线各国经济的共同发展。

（4）跨境电商提升物流产业的智能升级

不论是国内制造业等产业实施"走出去"战略，还是跨境电商的深化发展，都离不开物流网络的延伸布局。国际物流成为物流企业新的发展方向，也推动着物流产业的智能化转型升级。

为了更好地满足跨境电商对物流服务的需求，物流企业必须积极进行自动化仓储中心的海外布局，通过发展智能物流，增强全程供应链管理能力，从而打造出具有核心竞争优势的高效的国际化物流服务体系。

4.3 车联网："互联网＋汽车交通"的产业风口

4.3.1 车联网产业的 4 种商业模式

实现汽车产业及交通运输产业的信息化，是众多相关行业从业者长期追求的目标。随着物联网、移动互联网等技术的不断突破，实现这一目标的距离也越来越近。尤其是在 2015 年"互联网＋"战略上升为国家层面的发展战略后，互联网与汽车产业、交通运输产业融合的进程更是进一步加快。

虽然，汽车行业与交通运输行业有着千丝万缕的联系，但是两者在与互联网的跨界融合中存在许多差异。对于互联网与汽车的融合来说，其主要表现为车联网，随着各路玩家的入局，现阶段的车联网产业形成了 4 种不同的发展模式，如图 4-8 所示，下面逐一分析。

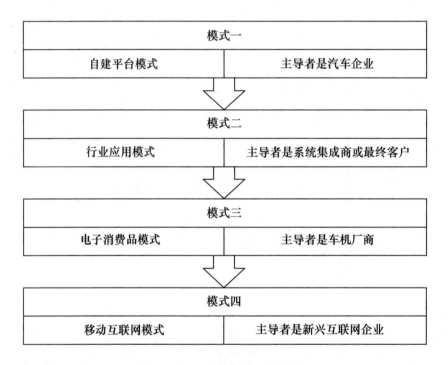

图 4-8　车联网产业的 4 种商业模式

（1）自建平台模式：主导者是汽车企业

以通用汽车、上汽荣威为代表的企业采用自建平台模式，为广大消费者提供车联网前装、准前装（产品通过 4S 店或者车企面向消费者）服务。

通用汽车于 1995 年研发的安吉星（OnStar）系统，在美国及加拿大的市场中拥有 600 万以上的用户。为了进入发展前景广阔的中国市场，通用电气公司与中国电信达成战略合作，从而为国内消费者提供更为优质的乘车体验。

自建平台模式的优势在于，由于主导者是汽车生产商，它们对汽车市场有着充分的认识，从而有效避免一些不必要的风险。但目前自建平台模式尚无清晰的盈利模式，如何将海量的车主转化为车联网用户，并为企业创造利润，是自建平台模式的汽车生产商所遇到的难题。

（2）行业应用模式：主导者是系统集成商或最终客户

当前，我国对两客一危（旅游包车、三类以上班线客车、运输危险化学品、烟花爆竹等专用车辆）、特种车（警车、运钞车、救护车等）等车辆强制接入车联网，其规模大约为 1000 万辆。国内有 500 家以上的企业在行业应用模式中进行激烈的竞争。

（3）电子消费品模式：主导者是车机厂商

迫于生存压力，以往依靠销售汽车硬件产品盈利的车载电子商家，开始转型为服务提供商。尤其是在竞争十分激烈的深圳地区，众多硬件生产商开始大规模向互联网服务转型。中国移动自主研发的 4G 智能车机（安装在汽车里面的车载信息娱乐产品），为用户打造了全新的智能驾驶体验。

（4）移动互联网模式：主导者是新兴互联网企业

谷歌、百度等拥有海量移动互联网用户流量的科技巨头，开始布局车联网产业，通过自身积累的庞大用户资源，建立了一定的领先优势。

最近几年，谷歌、百度都在研究无人驾驶汽车技术。谷歌、百度研发的无人驾驶汽车，不具备油门、刹车、后视镜、方向盘等传统汽车拥有的标准配件，完全通过车联网系统进行自动控制。未来，无人驾驶汽车得到全面推广后，汽车可以通过互联网接收地址，从而为消费者提供方便快捷的出行服务。

互联网与交通运输产业的融合，朝着便捷与智能化两个不同的方向发展。这种不同的结果是由于电信运营商、互联网企业及 App 开发公司所扮演的不同角色造成的。电信运营商主要服务的对象是交通运输监管部门及运输企业，通过为它们提供优质的信息化服务，强化产品的智能化、自动化体验，从而提升自己的信息通信业务盈利能力。

而互联网企业则依托自身的技术优势及用户资源与 App 开发公司进行战略合作，让消费者享受到更为方便快捷的出行服务。他们按照互联网模式的商业逻辑，引入金融机构的大量资金，通过现金补贴、打折优惠等方式积累用户资源，从而使企业在资本市场中得到更多的资金。

4.3.2 谁将主导未来车联网市场？

在车联网产业的 4 种不同的发展模式中，自建平台模式及电子消费品模式存在着转型的压力；行业应用模式则处于一种相对独立的状态；而由新兴的互联网企业主导的移动互联网模式，凭借着用户资源、科学技术等方面的优势，将会成为车联网产业中的一大热点。

互联网企业巨头的加入及汽车生产商对车联网的重视，预示了移动互联网与汽车产业的融合进程正在加快，传统汽车电子企业很有可能成为这次变革的牺牲品。一位业内专家表示，车联网在未来有可能会出现两极分化的局面，即以新兴的互联网企业主导的移动互联网模式与以汽车制造商为主导的自建平台模式。

汽车制造商的专业性是其进军车联网产业的一大优势，在他们的经营下，车联网的产业链深度及广度都会得到拓展，因此，汽车制造商很可能会成为车联网产业的主导力量之一。蓝牙、Mirror link（手机厂商和汽车制造商建立的一种车联网标准）等技术将会在车联网产业的发展中发挥出巨大的作用，车机将日趋标准化、通用化。智能手机、智能车机等接入互联网的终端设备，将会成为企业为消费者提供服务的有效载体。

新兴的互联网企业是车联网的另一个主导力量。移动互联网技术应用，可以使更多的主体参与到价值的创造中来。移动互联网在车联网领域中应用后，最大的价值就是赋予了其社交属性。通过移动互联网，商家不仅可以为消费者提供最为基础的功能性产品，还能为消费者提供实时通信、交友娱乐、音乐、视频等增值服务，在提升用户黏性的同时，也为企业创造了更高的收益。

积累了一定的用户资源以后，个性化及差异化的用户需求能为企业带来海量的用户数据，从而使企业可以挖掘出更多的潜在用户价值。企业通过各种营销手段，有针对性地刺激用户群体的消费需求，从而有效推动企业产品销量的快速增长。事实上，移动互联网在车联网中将不再只是一个简单的功能性产品，它能为企业带来一个完整的生态链。

而在"互联网＋交通"产业中，以 Uber、滴滴打车为代表的移动互联网模式将会迎来爆发式增长。随着国内智慧城市"互联网＋交通"的推广，越来越多的互联网企业与各个地方政府合作，使广大消费者以极低的成本享受到了优质高效的智能出行服务。

4.3.3　电信运营商如何撬动车联网市场？

在"互联网＋汽车交通"的跨界融合中，无论是车联网产业，还是"互联网＋交通"产业，电信运营商都不是主导者，但各个主导者都无法摆脱对电信运营商提供的网络服务的依赖。在更加强调开放、共享、跨界融合的移动互联网时代，电信运营商需要做好以下 3 个方面的工作。

（1）**电信运营商所拥有的最大优势就是其掌握的宽带网络资源**

要充分发挥这一优势，电信运营商可以为各个参与主体提供连接服务、通信服务，例如，市场中出现车辆实时监控系统、汽车制造商为用户提供的呼叫中心服务等。

（2）**电信运营商可以整合产业链中的基础服务网络、产品信息推广、营销渠道及产品售后服务渠道**

通过对渠道的整合，从而打造出一个综合的交通信息化平台，为各大商家及消费者提供一站式服务。通过互联网与交通运输产业的融合，电信运营商可以充分发挥出自己的优势，比如强大的信息推广能力、数据搜集能力及系统集成能力等，从而为合作伙伴带来巨大的收益。

(P) --

2011 年 12 月 7 日，中国联通与宝马公司达成合作，双方将在中国推广 BMW "互联驾驶"（BMW Connected Drive）业务。

中国联通除了为宝马汽车用户提供移动通信及呼叫中心服务以外，还为宝马汽车提供了平台集成运营及丰富的车载内容服务。对以宝马为代表的汽车制造商来说，传统管道服务营收在其整体营收中占比极小，这次合作为众多汽车制造商的转型提供了新的思路。

（3）电信运营商还能与政府部门合作为消费者提供路况信息查询、公交信息查询等服务

事实上，电信运营商可以依托平台中的各种应用，实现对用户数据的搜集与整理，从而为探索新的用户需求打下坚实的基础。

电信运营商要在实践中取得良好的效果，必须对自身的体制进行创新。电信运营商繁琐的业务处理流程限制了其自身的进一步发展。滴滴公司在选择与LBS 位置服务商合作时，最先想到的就是在国内拥有大量 LBS 位置服务基础设施的中国移动，但由于中国移动公司的决策流程太过繁琐等原因，双方没有达成战略合作。

因此，未来电信运营商要进一步发展，就必须进行体制的创新，比如，进行自身品牌的上下拓展，成立拥有一定权限的子公司等。2015 年 8 月，中国联通旗下的全资子公司联通智网科技有限公司正式成立。该子公司将专注于汽车信息化领域，争取通过对自身体制的创新发展，以公司化运营化解限制中国联通发展过程中的难题。

第 5 章

共享交通：共享经济模式的完美实践

5.1 共享经济：主导未来出行市场的力量

5.1.1 共享经济掀起消费革命

Uber 作为一款打车软件在成立 6 年多的时间里就获得了出人意料的成绩，2015 年毛收入达到 100 亿美元，同时，Uber 的市场估值在 2016 年年初也已经达到了 625 亿美元。

尽管 Uber 获得了令人骄傲的成绩，同时也得到了越来越多人的关注，但是 Uber 在发展过程中同样也遇到了难过的门槛，例如，司机与本地政府之间的关系问题上一直没有找到最有效的解决方案，不过这一问题并没有对 Uber 的商业模式造成过大的影响。

互联网的广泛应用催生了一大批驾乘共享平台，为人们的出行提供便利的同时也对传统的交通运输行业造成了颠覆性的影响，同时这些平台也逐渐成为共享经济中一个鲜明的旗帜。

2014 年，共享经济在全球行业经济中的排名已经上升到了第五位，行业规模也达到了 150 亿美元，有关机构预计到 2025 年，共享经济的规模将达到 3350

亿美元，Airbnb、Uber 等共享经济形态的典型代表所获得的成功并非偶然，而是作为一种新经营方式在良好适应商业环境的前提下获得的一种必然的成绩。

关于共享经济背后所蕴含的"协同消费"理念，已经不是一个新鲜的概念了，eBay、CrAIGslist 以及 Napster 都是在这一理念的基础上建立起来的，而 Uber 和 Airbnb 的发展却将这一理念推到了一个新的高度。

在经济不景气的大环境下，共享经济先行的实践者为低收入的消费者提供了一种更加优惠的消费方案，同时也开创了一种赚钱渠道和方式，让握有资产的人成为商品或服务的提供者，满足了消费者的需求。例如，Airbnb 公司的创始人在创立该公司的时候就是为了能省点房租，于是就有了有空闲房间的房主提供空房，而有租房需求的租客租住房子的双赢的交易方式；而 Uber 帮助人们将汽车从原本的出行工具变成了一种赚钱工具，让车主可以通过出租车辆的形式获得一些额外的收入。

以省钱作为主要考虑因素的个体，往往更愿意通过承担一些与陌生人接触并建立信任关系的风险而成为共享经济的实践者。很多最先尝试共享经济模式的企业也是在没有任何经验可借鉴的前提下进行了大胆的探索，在总结了多次失败的经验教训之后，逐渐掌握了其发展之道，并日见成效，同时也推动了新的变革的产生。

5.1.2　共享经济模式的优势

虽然共享经济在在线租车以及租房领域已经取得了良好的成绩，但是并不意味着共享经济只能局限在这两个领域，随着人们对共享经济的逐渐认可，共享经济正在向更多的领域延伸，同时也会覆盖到更多的用户群体。

如果消费者可以对自己的资产实现共享，如汽车、房屋等，那么社会对这些产品的额外需求可能就会下降，从而有效地节约资源和保护环境；而对于企业来说，如果能够参与到共享经济中去，就能提高社会闲散资源的利用效率，提高企业的盈利能力。

共享经济的发展也会影响企业与员工之间的雇佣关系。共享经济的发展开辟了一种新的赚钱方式，让兼职工作越来越多，"失业"也不再是一件可怕的事情，反而让人们可以在利用自己的资产获得收益支撑生活的同时有了更多自由的时间发展自己的爱好。

未来，将会出现更多高效、协作的平台以及新服务和新工具，对共享经济的发展提供重要的支持，例如，Checkr 可以为用户提供背景调查服务，Zen99 可以同时为 1099 个工人处理税务问题。

而且，共享经济将会采用中心辐射型的服务模式，以共享经济平台为中心，在平台上开辟更多的应用程序接口，实现相互之间的整合，从而凸显这种服务模式的优势。

消费者只要登录共享经济平台就可以预订到自己想要的服务，例如，OpenTable 是一个专门提供晚餐预订服务的应用程序，消费者使用这个程序不仅可以订餐，还可以通过该程序连接到 Lyft 打车，同时也可以连接到酒店预订程序预订酒店服务。这一系列完整的服务经过整合之后可以为消费者带来一种极致的用户体验，同时也为共享者带来一些新的机遇。

此外，共享经济的发展也将各种垂直服务带到了一个新阶段，比如，过去如果消费者想要装修房子，需要去室内设计公司找设计师，而现在在线室内设计平台 Laurel&Wolf 为有设计需求的用户提供了极大的便利，它可以让设计师主动找上门，并且设计方案更具针对性、价格更优惠。

在对整个室内装修市场进行定位的基础上，Laurel&Wolf 抓住了市场的痛点，提出了一种有效的解决方案，不仅提高了设计师的工作效率，同时也为用户带来了实实在在的便利。虽然从目前来看，整个室内装修市场的规模并不大，但是只要能深入挖掘这个市场，找到用户的需求痛点，这个领域在未来将会实现更大的突破。

随着共享经济在人们生活中的广泛渗透和融合，共享经济未来会成为人们生活中的重要组成部分，人们也就无暇讨论其存在的利弊问题。很多传统企业并不欢迎共享经济这一新形态，有的甚至采取了抵制措施，但不可否认的是，这一经济形态已经成为大势所趋，如果传统企业不能及时适应和调整，很可能在时代的浪潮中被淘汰。在实现共享经济的道路上必定充满了曲折，企业应该要有足够的决心和勇气去迎接未知的挑战。

5.1.3　嘀嗒拼车的 C2C 共享模式

2014 年 4 月，嘀嗒拼车上线，正式进驻拼车市场。自上线以来，嘀嗒拼车就以"保护环境、缓解城市交通压力""拼车出行，让上下班更轻松"等理念深受用户欢迎，被众多用户称为"拼车神器"。

不仅如此，作为一款免费的拼车软件，嘀嗒拼车也获得了资本的青睐。2014 年 11 月，嘀嗒拼车拿到来自 IDG 的 1000 万美元 A 轮融资；B 轮融资则是由易车网领投的 2000 万美元；2015 年 5 月，嘀嗒拼车再次获得崇德基金领投，挚信资本、易车网、IDG 等跟投的 1 亿美元 C 轮融资。

在共享经济大放光彩的形势下，拼车应用成为了 O2O 垂直领域争夺的新热点，仅仅 2014 年获得融资的拼车 App 就超过了 20 家，其融资总金额超过 2 亿美元。而进入 2015 年，尤其是行业巨头滴滴上线顺风车业务之后，拼车市场的争夺更是异常激烈。

虽然嘀嗒拼车不属于 BAT 公司，但它在拼车领域的排名中位居榜首。根据 App Store 及其他相关的统计信息，嘀嗒拼车每天接收的订单量平均为 20 万个，排在后面两家的订单数加起来都远不及它。

拼车模式颠覆传统出行市场的原因是什么？嘀嗒拼车能够吸引众多投资商，C 轮融资规模超过 1 亿美元的原因又是什么？通过分析不难得出这样的结论：共享经济模式使拼车满足了更多消费者的需求。

（1）共享经济"去中介化"，给予消费者更大主动权

互联网的普及程度逐渐提高，使用智能手机的人也越来越多，这为共享经济的发展打下了基础，使运用该模式经营的商家不断增多，消费者也是好评如潮。

共享经济也就是协同消费，曾荣升 2011 年《时代周刊》中列出的"改变世界的十大想法"，如今，它确实使我们的社会发生了很多的变化，出行领域就是其中之一。共享经济因为具有去中介化的特征而进展迅速。

传统模式下的消费者往往处于被动的地位，很容易对商家的目的产生怀疑，这促使了共享经济模式的产生。举个例子，嘀嗒拼车的经营方式与出租车及专车的区别在于，使用该程序的消费者和服务方会把自己经常走的路线上传到系统，系统在集中处理后进行双方的匹配，在用户产生乘车需要时会有附近的司机赶过去为其提供服务。嘀嗒拼车 App 如图 5-1 所示。

图 5-1　嘀嗒拼车 App

之所以说嘀嗒拼车是运用 C2C 经济模式的代表，是因为这种方式下的消费者和服务方是直接沟通的，鲜明地体现出去中心化的特点。相比之下，传统

B2C模式下的出租车和专车司机要通过其所属的商家或者是平台才能与消费者互动。而嘀嗒拼车采用的价格机制与传统的经营模式不同的是，它不会把等候及空驶的成本消耗算在顾客需要支付的费用当中，因为它的价格是提前订好的。所以就算是交通不顺畅，乘客也不因此多付一分钱。

这种模式的运用，改变了用户原本所处的被动地位，用户不必花费昂贵的费用就能享受乘车服务，而服务质量也不会有所下降，即消费者和服务方都能满足自己所需。

（2）共享出行方式让资源配置环保化

嘀嗒拼车在乘客与车主之间搭建起沟通的渠道，能够充分利用资源，让共享经济模式带动出行行业的长远发展。

在服务提供方面，嘀嗒拼车将重点放在车主与乘客所经路线是否匹配上。在具体的应用和实践过程中，与其他打车软件相比，嘀嗒拼车所采用的这种方式能够为乘客提供更加周到的服务，原因是用嘀嗒打车不用去考虑和担心时间方面的问题，在所有的时间点都能够找到与乘客顺路的车主，嘀嗒拼车只需要将乘客的需求传达给适合的车主。

想要成功吸引消费者的目光，就要采取措施提高资源的利用率。嘀嗒拼车收取的费用比其他同类打车服务都要少，而车主也能顺路接收订单，双方都能从中受益。

从以上的案例分析中可以看出，共享经济模式不但使人们的日常生活发生了改变，也可以利用闲置资源，在很大程度上提高了对资源的利用率，改变了消费者的被动地位，如果以后出现资源短缺的状况，可以用这种方式来加以缓解，我们可以大胆地预测，嘀嗒拼车运用共享经济模式，能够在今后的发展过程中使传统出行市场发生颠覆性的变化。

5.1.4 政策监管：增强安全性与可靠性

从2014年12月开始，北京、上海等十几个城市纷纷开始将专车服务定义为非法营运，并开始全面查处。2015年1月12日，上海交通执法总队约见滴滴专车运营方，准备对其进行处罚。同时北京等地已经开始在火车站、机场以及商业区对专车进行严厉整治。

其实专车服务类似于出租车的服务方式，都是按次计费、按里程计价。但是根据《北京市出租汽车管理条例》的规定，除了正规出租车运营之外，任何单位和个人不能提供相关的出租车服务。从2015年1月开始，北京市交通执法总队已经开始整治利用互联网和手机软件开展专车服务的社会车辆。

将专车服务定义为非法营运的消息一出，就在社会上引起了剧烈的讨论：对于消费者来说，取缔了专车服务，他们就不能享受到更专业、贴心和便利的乘车服务；而对于寄希望于利用互联网共享经济来充分发挥闲置资源的车主来说，专车服务的取缔等于把他们的希望打破了。

共享就是将自己闲置的时间和物品，通过一定的方式和渠道让其重新发挥价值，从而实现资源的优化配置。如果用户在出行的时候选择自己开车，那么在将车开到目的地之后，车辆就会闲置一段时间，而如果选择搭乘出租车或者专车的话，在把你送到目的地之后，出租车和专车还可以搭载别人，这样就实现了车辆资源的充分利用，减少了道路上的汽车总量，有利于缓解环境污染的压力。

而且汽车的共享也是一种双赢的模式：对乘客来说，可以享受到更优质、更优惠的乘车服务；而对司机来说，他们通过打车软件的补贴赚到了更多的收入，同时也降低了空车率，充分发挥了车辆的运力。

打车软件的使用不仅为人们的乘车提供了更多的便利，同时也让共享经济获得了越来越多的关注，在共享经济中所奉行的P2P模式也被广泛应用在各个领域，对传统的出租车、租房以及其他服务型行业造成了冲击。事实上，共享经济之所以能够迅速成长起来还有一个重要的大环境因素，由于经济正处在萧条期，因此人们开始千方百计地寻找省钱的途径，共享经济也就在全球范围内流行起来了。

尽管共享经济已经开始逐渐成为一种世界性的趋势，但是这种模式在发展的过程中依然遇到了迈不过去的门槛，第一大门槛就是监管的问题，1号专车、滴滴专车等提供的专车服务与现有市场上运行的规则有着不可调和的矛盾，虽然在1号专车以及滴滴专车的大部分车辆都属于租赁体系内，但是也还是存在个人车辆利用软件平台来参与专车运营，而这一部分是违背相关法律规定的，同时存在非常大的安全隐患。

但是对于互联网公司来说，如果仅仅依靠租赁体系内的车辆来支撑打车软件，那么其发展就会因为车辆数量以及配额的问题而受限，而私家车辆的加入可以有效弥补数量上的缺陷，然而如果允许私家车辆参与社会运营的话，又违反了相关的监管规定，因此对于互联网公司来说这绝对是一个棘手的问题。

作为打车领域的先驱——Uber 在扩张的过程中也遇到了同样的问题，Uber 在全球多个地方都遭到了严厉的监管，甚至在有些地方被直接判定为非法。据统计，在 2014 年，Uber 与各个国家和地区的监管法规发生了 35 次冲突事件，冲突事件的发生地主要分布在欧洲、美洲、亚洲和大洋洲。

而且像 Uber 这样租车服务的流行也增加了司机职业的不稳定性，对社会的和谐发展造成了一定的影响，私家车司机在没有任何社会保险的情况下就进入服务行业，属于一种不正当竞争，也容易出现一些安全方面的问题。

很多共享经济企业称他们的服务提供者为"独立承包商"，企业要求这些服务提供者在服务的过程中坚守某些规则，却又不向其提供相应的福利以及支付税收，因此有关人士认为，企业也应该为这些个体劳动者提供最低的福利保障，如果企业不能做到，社会应该从保障个体劳动者的利益出发，通过其他的方式为其提供长期的保障和支持。

互联网公司在推行共享经济的过程中，其安全性和可靠性的问题是遭到质疑最多的问题。

★ 2014 年 9 月，旧金山还发生了一起 Uber 司机被控伤害乘客的事件，《旧金山纪事报》报道称，一名 Uber 司机被指控使用致命武器伤害他人，并对其造成了严重的身体伤害。还有报道称在波士顿有乘客受到了 Uber 司机的暴力威胁。

★ 2011 年，Airbnb 网站上的房主还曾经遭遇过物品被盗事件，于是为了保障房主的利益，网站开始向房主提供高达 100 万美元的财产保险。

一种新型经济的诞生和发展总是会面临诸多的法律挑战，而共享经济发展的时间还比较短，还没有足够完善的法规来对其进行有效地监管。互联网要想在共享经济领域有所成就和发展，就需要一些创新服务的支撑，而如何平衡创新服务与安全质量法规之间的关系？共享经济的企业应该怎样在满足消费者需求的同时，又不违背相关法规？为了能够增强其安全性和可靠性，有的企业已经开始通过建立和引进信用系统来提升和改善信用状况。

5.2 汽车共享：共享经济时代的私家车

5.2.1 私家车租车模式

目前，共享经济在交通运输领域的应用主要以汽车、自行车、飞机、轮船等交通工具的共享为主，其中应用最为广泛的就是汽车的共享。事实上，交通运输行业本身就属于公共领域，交通空间、道路、航线等都可以实现共享。此外，由于人们出行的集中性，交通运输领域的共享就显得尤为重要。

私家车的购买成本及保养成本较高，而且国内私家车的使用率处于较低的水平。一些一线城市的车主，在出行过程中还要承担过高的停车成本，而通过车辆共享，人们不用购买汽车或者亲自驾驶汽车，也可以享受到方便快捷的出行体验。在多种因素的影响下，私家车共享开始成为一大新兴市场。汽车易于共享的原因主要表现在以下几个方面：

★ 目前，即使是市场上最小的乘用车，也最少能让两人同时乘坐；

★ 汽车的共享属于标准化服务，易于完成商业价值的变现；

★ 在移动互联网时代，共享信息的实时传递可以通过移动终端轻易实现；

★ 汽车的空置率较高，在车辆拥有者不使用汽车时，可以将其租借给他人，从而提升资源的利用率；

★ 相对于其他领域来说，交通运输领域的共享受信任问题的影响较小。

一次出行共享持续的时间较短，而且很多情况下都是发生在人流量十分庞大的公共场所，参与共享的人们不必充分了解彼此的详细信息。

汽车共享模式主要包括私家车租车、私家车搭乘及私家车拼车 3 种类型。下面我们先来分析私家车租车模式。

私家车租车也被称之为 P2P 租车、C2C 租车，租车平台仅作为私家车车主与有租车需求的用户之间的中介组织，其自身不拥有任何车辆。国外的私家车租车平台主要包括 FlightCar、RelayRides、Getaround 等；国内的租车平台主要包括宝驾租车、友友租车（2015 年 10 月品牌升级为友友用车）等。友友用车的租车流程如图 5-2 所示。

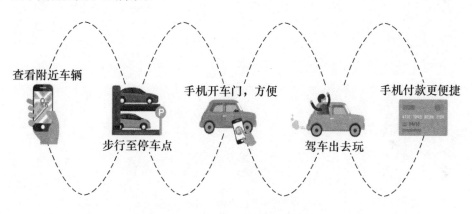

查看附近车辆　　步行至停车点　　手机开车门，方便　　驾车出去玩　　手机付款更便捷

图 5-2　友友用车的租车流程

私家车租车平台所面对的竞争者主要是传统的 B2C 模式的专业租车公司，如神州租车、瑞卡租车、一嗨租车等。此外一些汽车制造商成立的租车公司，如东风日产成立的易租车等，也对私家车租车平台的发展造成了一定的影响。这种竞争主要表现在租车费用、汽车类型的丰富度、车辆交接的便利性等方面。

事实上，C2C 租车及 B2C 租车之间并没有严格的限制，来自新加坡的中国首家 P2P 租车创业公司 PP 租车，通常情况下会选择同传统的 B2C 租车企业合作，B2C 企业负责提供丰富的汽车，而 PP 租车平台则负责吸引用户。

私家车租车包括车辆短租及长租两种类型。相对于私家车搭乘来说，私家车租车的规模较小，造成这种局面的原因包括很大部分选择车辆共享服务的消费者就是为了避免开车的困扰、私家车租车对信任度的要求更高、车辆交接流程比较繁琐等。因此，私家车租车平台往往更加侧重于线下运营。

对于信任问题，除了通过实名登记及行车记录仪等方式外，国内的众多私家车租车平台还从多个角度尝试解决这一市场痛点。比如，凹凸租车更加强调社交属性，通过车主与租客之间的面对面交流，建立彼此之间的信任；人人租车将用户人群细分为机场出行的有车一族，以机场为交接点，交易双方以车易车；友友租车主打"小区化"，将交易双方限定在居住地相距不远的小区中，从而有效规范车主与租客之间的行为。

私家车搭乘模式的发展对私家车租车产生了两个方面的影响：其一是正面影响，由于私家车搭乘的普及，更多的私家车车主放弃自己驾车，从而为私家车租车提供更多的汽车资源；其二是负面影响，私家车搭乘给人们提供优质的出行服务，使人们对租车的需求明显下降。

5.2.2　私家车拼车模式

国内庞大的私家车拥有量，决定了拼车市场的发展前景将十分广阔。以北京为例，2014 年北京常住人口数量为 2151.6 万人，出租车不足 10 万辆，而私家车则达到了 500 万辆。海量的私家车数量及人口足以支撑起一个千亿元级的拼车市场。更为关键的是，北京市还鼓励人们拼车出行，2014 年元旦，北京出台了《北京市交通委员会关于北京市小客车合乘出行的意见》，拼车模式由此在北京变得合法化。

拼车软件尚未出现以前，就有许多上班族在各大社交媒体平台上发起拼车，许多在北京、上海等一线城市上班的白领们，自发建立起 QQ 群用于满足成员的拼车需求。在这之后，许多创业者看到了其中的重大机遇，开始创建了许多 PC 端的拼车网站，如 AA 拼车及顺风车等。目前，拼车领域已经涌现出了几十家创业公司，市场竞争日趋激烈。

拼车市场中主要以上下班拼车及长途拼车为主，可以分为一对多拼车及一对一拼车两种形式。其车辆类型有私家车、大巴等。大巴车的主要来源是各大巴士租赁公司，大巴车共享除了能满足个人的上下班需求之外，还能为企业级用户提供班车服务，从而使企业员工的出行成本得到有效控制。

尽管拼车模式具有广阔的市场前景，但整个拼车市场却一直未发生大规模的增长。在其他互联网交通出行方式相继迎来爆发式增长的移动互联网时代，拼车市场显得有些冷清，其原因主要包括以下 3 个方面。

（1）合法化之后的拼车市场仍旧面对着安全问题以及价格问题

安全问题的解决方式与其他共享经济模式的解决思路并无太大的区别，主要是包括加入实名认证、双方评论、引入第三方金融机构进行担保等。

价格问题可以从乘客及汽车车主两个角度进行分析：对于前者来说，拼车所提供的服务与打车并无太大的区别，自然要在价格上给予一定的优惠，消费者才会去选择操作更繁琐一些的拼车服务；对后者来说，他们需要找到介于作为上限的打车价格与作为下限的油耗增加费用之间的平衡点，从而弥补自己在拼车交易过程中的沟通、议价、汽车损耗等成本。

（2）相对于搭乘模式而言，拼车模式的限制条件更多

在平台用户规模不大、行车路线不固定等因素下，匹配成功率较低。而那些行车路线固定的拼车中，平台用户很容易与车主绕过平台进行交易。另外，其他出行模式，比如打车、私家车搭乘成本的大幅度下降，对拼车模式的发展也造成了一定的限制。

（3）拼车市场的前景存在着一个难以突破的瓶颈

当私家车搭乘及打车服务开始全面普及，其价格更低、使用更方便时，人们购买及使用私家车的意愿会明显下降，相应的以私家车为主导的拼车市场会遭受巨大冲击。而那些在打车服务的价格下降至普通大众都能认可的水平时，仍旧选择自己驾驶私家车的人多数是那些不在意价格的群体，这一群体的拼车意愿也不会很高。

5.2.3　私家车搭乘模式

在私家车搭乘领域中，国外市场主要包括有着"出行共享领域鼻祖"之称的 Uber、专为老年人及未成年人出行服务的 Shuddle、强调社交文化的 Lyft 等；国内则有注重标准化的滴滴专车、意欲从车源上重新定义"汽车共享"的易到用车等。

不难发现，Uber 强调的"私家车搭乘"与出租车打车模式存在明显的差异。而私家车搭乘模式与私家车拼车模式的市场定位则存在很大的重合，除了要面对彼此之间的竞争外，还要与传统出租车公司、传统的商务用车公司、近几年崛起的互联网商务用车公司（神州专车、AA 租车等）、出租车打车应用平台（Hailo、滴滴、Flywheel）等争夺市场。

在拼车模式中，车主与乘客就行车路线达成一致，双方共同承担汽车的出行成本。事实上，拼车模式与搭乘模式之间并没有十分清晰的界限。由于法律法规的限制，许多拼车模式及专车模式的私家车车主为了避开监管，往往会以商务租车及拼车的名义进行私家车载客。在现阶段，国内交通行业存在的问题是由多种因素造成的，短时间内很难改变这种现状。

近年来，中国经济正进入转型的关键阶段，政府对交通运输领域的共享尚未达成一致意见：一方面要照顾到传统出租车公司的利益，在私家车载客运营门槛、出租车牌照监管及汽车租赁公司准入等方面尚未进一步开放；另一方面政府又对互联网出行方式解决交通拥堵问题给予了厚望。对专车模式，政府对其合法经营有明确的规定，即汽车租赁公司提供车辆，而劳务公司负责提供司机。

私家车搭乘模式的优势主要包括两个方面：其一，提升了私家车资源及司机资源的利用率，弱化了出租车牌照监管，以市场需求为导向，满足了更多的消费需求；其二，通过移动互联网技术进行数据挖掘及信息匹配，使用户的出行效率及汽车的利用率都得到大幅度提升。目前，私家车搭乘模式面临的问题主要是政府的监管、出租车公司及司机的抵制、安全问题等。

私家车搭乘是共享经济应用较早的领域，经过长时间的发展，在一些地区已经形成了相对比较成熟的运营模式。在美国洛杉矶，私家车搭乘模式对当地人们的出行选择及传统出租车行业带来了巨大的影响。

在现阶段，以 Uber 为代表的私家车搭乘平台，正在加快市场布局的进程，争取把私家车搭乘市场做大做强。为了击败同行业的竞争对手以及传统的出租车公司等，这些用车平台也在通过各种形式的优惠、补贴等手段，抢占更多的市场份额。在巨大的竞争压力下，私家车搭乘平台还需要不断提升自己的产品及服务质量，快速形成自己的核心竞争力。此外，它们需要处理好与监管部门的关系，争取得到更多的政策支持。

5.2.4　汽车厂商的应对策略

未来，随着私家车搭乘及租车的不断普及，车辆供给方与有租车需求的用户之间的匹配成本越来越低、效率越来越高，人们享受的出行服务体验将得到不断优化。随着共享租车模式带来的车辆使用率的不断提升，其对汽车销量的影响将愈发凸显。虽然现阶段尚未对汽车生产商带来太大的影响，但已经有许多的汽车生产商开始主动出击，比如汽车生产商自己开展租车业务等，从而有效应对潜在的风险。

从本质上来说，宝马集团、戴姆勒集团为消费者提供的汽车共享服务仍属于 B2C 租车的范畴，但是与传统的出租服务相比，它们也进行了一些富有价值的创新：不再按天收费，而是选择按分钟收费；通过移动终端的 LBS，用户可以随处租车还车，优化租车流程等。这些策略有效提升了汽车的利用率，相对于传统租车模式，消费者的租车模式有了更为多样的选择。

（1）宝马：DriveNow

2011 年 6 月，宝马集团与拥有上百年历史的汽车租赁巨头 Sixt 合作，共同出资成立了 DriveNow 公司，并将德国慕尼黑作为首个汽车共享服务市场，从而有效应对未来共享租车平台所带来的巨大冲击。

用户只需要打开移动终端上安装的 App 应用，即可搜索到附近可用的汽车，而且使用完以后不必到传统租车模式的交接点去交接车辆，只需要将汽车停放在就近的安全归还点即可。

据 DriveNow 公布的数据来看，截至 2015 年 2 月，其在欧美地区的 8 个城市中拥有 2400 辆可用于租赁的车辆，用户规模达到了 36 万人。预计在未来 5 年中，DriveNow 的服务辐射范围将增至 25 座城市。

DriveNow 英国市场的高层管理人员表示，与传统的租车服务最为明显的差异就是企业所强调的用户自主性。这种无需预定即可随时享受租车服务的高效便捷的运营模式，为 DriveNow 带来了强大的核心竞争力，充分迎合了人们生活节奏不断加快的需求。

伦敦地区的 DriveNow 租车服务中，新用户需要花费 29 英镑（约合 278 元人民币）的注册费用，租车后将按照每分钟 39 便士（约为 1.5 元人民币）收取租车费用；如果是活跃用户，每分钟的收费将下降至 32 便士（约为 1.2 元人民币）。而且用户只要在 Facebook 上上传一张 DriveNow 旗下车型的图片，即可领取由 DriveNow 提供的 100 分钟免费租车服务。

DriveNow 的高管在接受新闻媒体的采访时表示，在欧美发达国家，与老一辈"人手一车的观念"所不同的是，越来越多的年轻人开始热衷于资源共享。

（2）奔驰：Car2Go

2008 年，戴姆勒集团成立了汽车分享公司 Car2Go，其主要车型为 Smart ForTwo，这种小巧灵活的汽车在交通拥堵的城市中具有明显的优势，更容易获得消费者的认可。

与 DriveNow 一样，Car2Go 也是按分钟收取租车费用。用户只需要使用随身携带的智能手机即可打开车门，在车内按照提示输入密码后，就能得到钥匙。到达目的地后，将汽车安全地停放在指定运营区域的公共停车场即可，省去了传统租车模式下繁琐的还车流程。

截至 2015 年 12 月，Car2Go 在全球的 31 座城市中，拥有 1.4 万多辆用于为用户提供共享租车服务的 Smart ForTwo 汽车，注册用户数量已经突破 110 万人，共计为全球范围内的消费者提供了 5000 多万次服务，平均每 1.4 秒就会有一辆 Smart ForTwo 汽车为消费者提供服务。

2015 年 12 月 18 日，戴姆勒集团与重庆龙湖地产发展有限公司达成战略合作协议，重庆成为亚洲地区首个 Car2Go 试点城市，依托于龙湖地产在重庆地区的地产资源，Car2Go 将为用户提供商圈随用随停服务。

据 Car2Go 公布的数据来看，预计到 2016 年年底 Car2Go 将新增 50 座城市，届时，国内以北京、上海为代表的一线城市将会成为 Car2Go 打开中国市场的重要切入点。

6.1 "互联网＋客货运输"：构建运输管理网络平台化

6.1.1 公路货运业的变与不变

近年来，公路货运行业的商业环境发生了巨大的变化，而且这种变化在移动互联网的推动下大有愈演愈烈之势。但是公路货运中的两大参与主体发货人与承运人却没有做出相应的调整，仍在沿用传统方式进行议价、货物交接、管理、对账结算等。这种商业环境与工作方式不匹配所引发的一系列矛盾，使货运行业的发展遇到了严重的阻碍。

对发货人而言，运输服务似乎越来越无法满足用户的需求，用户抱怨的声音越来越强烈；对承运人来说，他们发现自己投入的精力越来越多，而所获得的利润越来越少，发货人的满意度也没有得到明显提升。

事实上，这种情况不只在国内愈发严重，在世界范围内也普遍存在。互联网出现以来，货运行业的各路玩家都在积极寻求突破，也由此诞生了一些新的模式，如网络平台、App 应用、区域联盟、干线直营等。结合国内外公路运输行业的发展趋势，从宏观角度上来看，运输管理平台化是一种得到普遍认可的突破方向。

承运人快速高效地完成货物运输，运输成本得到有效控制，并带给发货人良好的服务体验，是运输行业良性发展的重要标志。要想达到这种效果，必须对货物运输进行系统化的管理。

要想真正了解运输行业网络平台化的发展趋势，我们需要从运输管理的本质来进行分析。从本质上说，运输与运输管理存在着较大的差异：前者是将货物从一个地点运送至另一个地点；而后者则是对运输活动进行有效管理。在一般情况下，运输管理主要包括以下4个方面：

> ★ 物流运输资源的采购、对运输资源进行有效配置、制定并执行运输计划等；
>
> ★ 对各种形态的运输进行管理，如零担、包裹、整车、短途及长途等；
>
> ★ 促进单个车辆、整个车队及物流网络的有效使用，协调各个组织机构实现高效运输；
>
> ★ 对货物、资金、业绩、运输信息、单证文件（单据、文件、证书）等进行管理。

无论是传统的物流公司，还是流淌着互联网基因的物流平台运营商，在如何提升运输管理能力及效率方面都进行了诸多尝试。通过有效的运输管理，最终有效降低运输成本、承运人高效运输、发货人享受优质服务，成为公路货运从业者不断努力的方向。

6.1.2 运输管理的痛点和关键

在世界范围内，在运输管理方面取得明显成功的企业屈指可数。造成这种局面的主要原因就是在运输管理中没有建立覆盖范围十分广泛的物流网络。这种物流网络主要是指以承运人为代表的物流服务商所构成的实体网络。

运输过程包括咨询、报价、订单、运输、跟踪、支付等多个环节，而这些环节正是通过物流网络来实现的。运输管理行业亟须能够将相关的组织以网络的形式统一到体系之中，从而能对其灵活地加以调整、分析、筛选。

多家物流公司在制定并执行运输管理方案时，将太多的精力投入在了承运公司、承运路线的价格及效率方面，忽略了运力网络化的实现。这在一定程度上限制了运输管理效率的提升。只有从多个角度上整体提升运输管理，才能有效提升物流供应链的效率，提升物流行业的盈利能力。

承运人为了满足日益多元化及个性化的运输需求，只能不断增加运输车辆、开辟新的运输路线、购入新设备。即使他们竭尽全力来满足用户的需求，仍无法跟上发货人需求的快速变化，再加上运输成本地不断上升，必然会使许多承运公司陷入发展困境。

如果承运方不借助由多方物流服务商形成的物流网络，即使公路货运行业中最大的物流企业也无法满足物流供应链上的所有需求。第三方物流服务商通过人工客服或者系统帮助用户与其他主体实现有效连接，但其连接效率处于较低的水平，在时效性较强的物流行业，注定了这种模式不会有太大的发展前景。

因此，业内对运输管理网络平台化发展的呼声越来高。这种网络是实现货物运输的重要基础，它不仅包括信息网络，也包括承运网络。平台则是价值链中多个运输价值创造主体（发货人、承运人、第三方物流服务商、收获人、金融机构等）进行交易的开放空间。

运输管理的网络平台化模式并非是近两年才出现的新概念。美国的罗宾逊全球货运有限公司、Landstar公司等是实现平台与网络有效连接的经典之作；国内的淘宝、京东也是将物流、信息流及资金流整合到平台之上，从而实现了跨越式发展。

近几年，以甲骨文为代表的运输管理系统开发商，在将单个系统升级为平台化系统方面投入了大量的资源，并且取得了明显的成效。通过这种平台化的系统可以将更多的承运人连接起来打造成一个庞大的承运网络。

国内公路货运行业巨头卡行天下，自2010年开始打造覆盖整个中国市场的网络平台以来，掀起了国内物流行业的新风暴，中国货运行业的网络平台时代也由此拉开了序幕。

6.1.3　构建运输管理网络平台化

目前，运输管理的网络平台化仍处于初级发展阶段，随着互联网技术的不断发展及应用成本的不断降低，运输管理网络平台化将迎来快速发展期。未来的运输管理网络平台化将呈现出以下发展趋势。

（1）运输管理网络平台化的覆盖范围将不断扩大，并实现跨越式发展

其影响力从最初的包裹、零担、整车，发展到车队，最终海运、空运、陆运将通过网络连接至同一个平台。世界范围内许多的物流公司及物流服务开发商，都在通过自己的努力将其变为现实。从行业发展的宏观角度来说，运输管理平台的网络全球化将成为必然的结果，但在其发展过程中将面临本地化的巨大挑战，能够与各个地区的本土化平台进行战略合作将是关键。

（2）运输管理平台与实体网络的无缝对接，将促使整个物流行业健康可持续的发展

实现信息平台的网络化十分困难，信息系统进行信息交互的过程要在承运网络平稳运行的基础上实现，这就决定了运输管理平台必须是一个涵盖信息系统、平台社区及实体网络的开放场所。发货人、承运人、收货人、第三方物流公司等主体在同一个信息平台中交易，货物在实体网络中低成本、高效率运转，两个系统相互支持，最终实现运输管理的巨大突破。

（3）运输管理平台将影响公路货运产业链上游

一方面，运输管理平台将直接参与仓储环节，与供应商对接，对库存提出有效指导；另一方面，运输管理平台 GIS 与 GPS 技术的广泛应用，有效提升运输效率，减少人力资源及汽车车源的浪费。

（4）运输管理自助化

随着移动互联网的不断发展，运输管理将会越来越趋于自助化。未来，发货人可以直接在手机终端上进行物流服务采购、下单、支付等，甚至还可以获得融资、购买保险等。据统计机构发布的数据显示，仅 2013 年美国自助采购的运输服务规模为 1600 亿美元。虽然在 2008 年金融危机后，全球经济陷入低迷状态，但是自助采购运输业务却呈迅猛增长之势。

（5）运输管理平台中将加入媒体及社交模块

运输是一个由货主、承运人、第三方服务商、收货人等构成利益相关社区后所产生的一种服务。它涉及状态信息的交互、各种文件的共享等，为此，运输管理平台需要加入一个具有类似朋友圈功能的新模块。

（6）智能技术及穿戴设备在运输管理平台中将得到广泛应用

美国许多地区的仓库都应用了语音控制技术、分拣机器人及穿戴设备，有效提升了员工的工作效率，这些技术在未来运输管理平台中也会释放出巨大的能量。

（7）运输管理平台将协助企业进行管理决策

运输管理平台的出现使货主在采购物流服务之前就能进行数据分析，可以与企业以往的采购数据对比，也可以与同行业的数据相对比，从而在议价方面有更多的主动权。接入互联网的运输管理平台能够掌握大量的数据资源，从而对企业的决策进行有效管理。

（8）运输管理软件公司向平台公司转型

运输管理平台的开放性及共享性，决定了只为单一类型的用户提供物流运输管理系统的企业将难以生存。无法与其他系统进行沟通交易的封闭式运营管理系统最终将会被淘汰。因此，一部分物流运输管理系统开发企业被收购兼并，其他则向平台公司转型。这些系统开发商在转型后，将成为各方能够进行信息传递、支付交易、运营管理的整合平台。

（9）发货人在选择满足自己需求的承运人方面，将更加自由、更加灵活

目前，规模较大的货主一般会与承运人签订长期的合作协议。而运输管理平台化可以使发货人能随时进行物流服务采购、追踪、筛选等，货主可以不用与承运人之间签订长期一对一合作关系。而且这种平台化采购能有效降低货主物流服务采购成本，通过平台，货主可以在全国甚至

是全球范围内进行采购，不用在各个地区设置专门负责管理采购业务的办事处。

（10）承运人及第三方物流提供商将实现专业化运营

专业化运营可以使承运人及第三方物流提供商更加专注于自己擅长的、盈利能力更高的、运输效率最高的领域。同时，运输管理平台的社交功能、媒体功能可以真实地反映出物流服务商的服务水平，那些无法提供优质服务的商家将很难生存。

6.2 "互联网＋客运"：实现车辆供给与出行需求无缝对接

6.2.1 "互联网＋"整合与共享客运资源

"互联网＋"作为新兴的经济形态的典型代表，它能够有效发挥出互联网对生产要素配置的优化作用，使更多的创新成果转化为商业应用，并为广大的消费者提供更为优质的服务，从而激发实体经济的活力与创造力，形成一种以互联网为连接节点的经济发展新形态。

在"互联网＋"时代，互联网已经不再只是一个单一的行业，它成为国民经济增长的强大推动力，有效促进了企业产品及服务的创新发展。互联网在客运经营、客运管理等领域的应用，涌现出了以车辆动态监督、联网售票、出租车智能监控为代表的新兴业态，并极大地提升了人们的生活水平。

滴滴快的、易到用车、神州专车、Uber 等互联网出行服务平台的崛起，一方面使得人们可以免除车辆限行、公交拥堵、打车难、司机服务态度差等问题的困扰，充分享受到优质、高效、低成本的出行服务；另一方面，传统出租车、汽车租赁等行业受到了巨大的冲击，诞生于移动互联网时代的打车、专车、拼车等出行服务，将传统租车领域的市场竞争从相对独立的线下市场转移至开放共享的线上平台。

专车平台的出现，使拥有闲置车辆资源的车主与拥有租车需求的用户之间能够无缝对接。车主将自己的车辆信息按照提示输入平台后，平台系统会将其与有租车需求的用户相匹配。如果消费者对汽车的车型、价格等比较满意，在线下单后，即可与车主预约进行线下车辆交接。

拼车模式的出现为人们的出行提供了更多的选择。拼车软件的操作流程和打车软件并没有太大的区别，用户与车主只需要将自己出行的上下车地点输入至移动客户端后，平台的处理系统会自动进行匹配，从而为用户提供优质的出行解决方案。拼车服务价格较低，而且车友之间能够交流互动，更是为人们的出行增添了许多乐趣。

在互联网时代，客运行业的资源整合发生了重大转变，打车、拼车、专车等新兴出行业态的背后都有共享经济的身影。以往由于信息的不对称性，很难实现多种资源的共享。而移动互联网技术的应用，许多以前不可能实现共享的资源，如今却能被所有人使用，商品的拥有权与使用权发生分离。

在移动互联网时代，共享经济在租车行业的强大影响，使我们不得不对共享经济在未来的发展给予高度的重视。据研究机构公布的数据显示，2014 年全球共享经济的市场规模约为 150 亿美元，保守估计其在未来一段时间内的年均复合增长率为 36%，到 2025 年其规模将会增长至 3350 亿美元。未来会发生什么，很难给出明确的答案，但共享经济的崛起却已经成为了一种主流的发展趋势。

互联网自出现以来，就展示出了其对社会资源的强大整合力，以专车、拼车为代表的新型交通产业能有效地整合私家车资源，提升社会资源的利用率，改善人们的出行服务体验。移动互联网技术的突破，使人们资源共享、沟通交流的成本大幅度降低，而且人们只需要花费极少的成本，就可以享受到优质的共享资源。

2015 年 1 月，庞大集团推出了新能源汽车互助租车项目，其发言人表示，企业将以北汽集团的 E150、EV200，比亚迪的 DENZA 腾势新能源电动车为依托，为北京深受限行、限购、打车难、交通拥堵的上班族提供一套完善的出行解决方案。

根据 2015 年百度发起的"我的 2014 年上班路"互动活动公布的数据显示，北京地区的平均上班距离为 19.2 公里，平均单程用时约为 52 分钟，公交车与地铁的单程费用均为 5 元，而打车费用则需要 53.6 元。如果 5 个人租一辆 E150 电动汽车，单程费用最低为 6.5 元，仅需要花费打车费用的 1/8，这使得人们的出行费用得到大幅度降低。

- -

与以往相比，线上平台有着更为丰富的数据资源，并扩展了人们可以交易的物品范围。资源共享平台的出现，使每个人都能将自己闲置的资源得到充分利用，私家车成为了出租车、温馨的房子成为了别有风情的乡村旅店等。更为多元化的资源共享，极大地丰富了人们的生活。

"互联网＋客运"就是要打造一个实现车辆供给与客户出行需求无缝对接的线上平台。这将对人们的出行方式带来极大的改变，"互联网＋客运"的发展，将会为建立居民生活更美好、城市和谐、经济可持续增长的"智慧城市"做出巨大的贡献。

Ⓟ -

哈佛商学院的教授南希·科恩（Nancy Koehn）表示，共享经济模式对传统消费模式的巨大影响力主要来源于以下 3 个方面。

★ 消费者得到了更大的主动权及知情权。人们在日常生活的各种消费场景中，时常会被模糊性、波动性、复杂性及不确定性所困扰。而在共享经济模式下，人们的自主决策能力将得到充分发挥，多方共同参与下的价值共创，使人们的知情权得到充分体现。

★ 现阶段，人类面临的信任问题愈发严重。人们对当前的商业模式及企业组织机构的信任已经降至极低的水平，许多人对那些只顾维护自己的优势，而提升行业壁垒的企业巨头很是不满。而在共享经济模式中，消费者与商家之间除了交易关系以外，还能获得情感共鸣，这更加有利于彼此之间建立足够的信任。

★ 共享经济模式中的参与者都能获得更高的收益。消费者以更低的价格享受到了优质的服务，而物品供应者则充分利用自己的闲置资源获得了资金收益。

在共享经济模式下，车辆资源的共享改变了以往运输资源的整合方式，更多的私家车资源可以参与到出行价值的创造中来，有效提升了社会资源的利用率。目前，遭受最大冲击的出租车公司很可能会成为第一个牺牲品，接下来就有可能是客运公司、客运站等，共享经济洪流裹挟下的出行领域将会迎来产业的重新洗牌。

在共享经济下，"互联网＋客运"所建立的综合出行服务平台，将充分连接车辆资源与用户资源，车主与出行者只需要将自己的上下车地点通过移动终端输入到平台中，平台就会自动匹配，为消费者提供优质的出行服务。

6.2.2　传统客运行业的三大"痛点"

（1）班线客运的"痛"

封闭僵化的服务模式降低了旅客的出行效率，增加了出行成本，尤其是业务流程繁琐、服务体验差等导致的用户不满，会在移动互联网中被无限放大。以耗费乘客的大量时间成本而提升自己的盈利空间的做法，虽然会让企业在短时间内获得更高的价值，但从长期来看，这种做法将会降低企业的信誉，长此以往，一次消费者与企业员工的小矛盾就有可能成为压倒企业的最后一根稻草。

个性化以及多元化的服务体验，成为企业在移动互联网时代建立核心竞争力的关键。相对于铁路运输、航空运输，公路运输中的"门到门""点到点"优势，被僵化的"车进站、人归点、站管车"的法律法规所消除，最终逐渐在竞争中处于不利地位。

由于封闭僵化的服务模式远无法满足人们的出行需求，非法载客、黑车等现象十分泛滥，一些非法运营车辆甚至直接在车站附近拉客、抢客，给社会治安带来了严峻的考验。在节假日出行高峰期，车站中的车辆资源不足，基础服务设施不完善，导致了"黄牛党"的大量出现，尤其是在春运期间的"一票难求"已经成为了一大社会痛点。在非高峰阶段，客运公司的工作量不够，导致许多车辆资源处于闲置状态，又造成社会资源的严重浪费。

（2）出租车行业的"痛"

乘客对出租车服务的不满已经成为一种常态，各种矛盾事件频频发生。出租车司机认为自己收入低、工作量和薪资待遇明显不符、大量的资金都流入了出租车公司。而出租车公司则认为管理成本过高、泛滥的黑车及私家车非法载客严重威胁了自身生存。

（3）行业管理的"痛"

2014年，全国多个地区的出租车司机联合起来对互联网专车进行抵制；许多地方政府也迫于多重压力，以"涉嫌非法运营"打击专车服务；共享经济出行领域的海外巨头 Uber 进入中国市场后，遭到了重庆交通管理部门的"封杀"。事实上，不只是在中国地区，Uber 在法国、西班牙、印度、韩国、日本等地区也曾遭到了"封杀"。

非法载客问题治理难度大，而且有越来越泛滥的发展趋势，仅依靠政府部门的监管，远无法解决这一社会问题。在客运行业中，一方面人民群众出行难的问题普遍存在，另一方面客运公司面临管理困难、运营成本高居不下等问题。

从本质上讲，客运是人与车之间的事情，而传统客运公司管理的重点却是车辆资源及其提供者，并通过企业建造的基础服务设施实现人与车之间的连接。"互联网＋客运"建立的平台，则是通过无处不在的移动互联网实现人与车的无缝对接，这种巨大的优势是传统客运模式远无法相比的。

6.2.3 "互联网＋客运"模式的发展路径

（1）管理部门的超前设计与主动推动

1）**制度创新**。政府相关部门应该着力引导运输服务业的制度创新，针对互联网与运输服务业的结合，尽早制定出相关的管理制度，防患于未然，否则等到运输市场彻底混乱以后，再对其进行控制，不仅见效慢，而且成本会更高。

2）**安全管理创新**。Uber 为了解决安全隐患问题，在每辆出租车上都安装了 GPS 定位系统，实行司机实名制，并提供司机的真实照片、驾驶证件部分信息及车辆信息等。

3）**有效监督**。进入 4G 通信时代以来，车辆动态监控技术也有了明显提升，通过 4G 视频技术能够对驾驶员的行为进行有效监管，确保驾驶员为消费者提供优质的服务。

4）**车辆技术**。通过在汽车上安装安全检查系统，对乘客、货物等在上车之前检查，能够有效避免一些恶性事件的发生。

（2）道路运输企业的主动参与和积极适应

1）**服务模式创新**。颠覆以往通过车站连接车辆与乘客的传统服务模式，借助互联网方便快捷、实时交互的优势，进行服务模式的创新发展，充分满足人们个性化及多样化的出行选择。

2）**管理模式创新**。提倡去中心化、去组织化的移动互联网时代，强调每一名个体才能的充分发挥，企业应该把握这种内部管理发展趋势，在企业组织结构、人力资源与车辆资源配置方面进行调整，从而实现与市场运输需求的无缝对接。

3）**经营理念创新**。在"互联网＋客运"模式下，企业需要认识到所有的车辆资源都可以实现共享的时代特征。在发展过程中，不断进行经营理念的创新发展，实现企业从"坐商"到"行商"的转变，为广大消费者提供更舒适的出行服务。

4）**考核制度的创新。**变革以往形式化、流程化的考核标准，打造以服务质量为重点的考核体系，引入竞争机制，通过员工之间的良性竞争提升企业效益。

（3）车站的建设和运营模式必须适应互联网发展带来的变化

车站的产生是源自于一部分出行者进站乘车的需求。在以往交通运输产业不够成熟、车辆资源短缺、信息不对称的局面下，这种需求十分强烈。此时，车站不仅是交通运输生产的基地，更是集散中心与信息中心。

建设车站时往往要根据当地政府的城市规划，充分满足人们分散的乘车需求，因此通常在那些商业繁华的黄金地段选址，要想在这里建设车站基本不可能实现，而且很多时候为了配合城市的商业发展，车站不得不一次次搬迁。车站选址要考虑城市整体规划、不能妨碍城市交通、便于城市治安管理等因素，这直接导致了许多乘客必须要转乘才能到达目的地。

在移动互联网时代，人们对车站的需求逐渐降低，当人们的出行需求不需要进入车站就能被满足时，车站的地位会大幅度下降。因此企业建立车站时，有针对性地控制车站投入才是明智的选择。

另外，也要控制"零转乘"车站的建设。从本质来说，转乘并非是人们的需求，更多的是由于交通运输的发展不够成熟，人们只能被迫选择转乘。长期以来，客运行业以车站为核心的传统运作模式，随着互联网时代的不断发展最终将被淘汰。

目前，国内局部地区交通运输产业不够发达，车辆资源相对缺乏等问题仍旧存在，在这些地区还需要继续加大车站建设投入，但应该尽量控制好投入规模，减少不必要的资源浪费。

农村客运站目前正处与一种十分尴尬的境地，一些沿公路干道分布的农村乡镇中，由于这些地带都是客车的必经之地，人们的出行只需要在路边招手搭车即可，基本不需要建立车站，但是建立一个能让出行的村民遮风挡雨的场所是十分必要的。没有分布在公路干道旁的农村乡镇，往往人口较少，一般仅有少量的客运路线，村民出行也是以路边招手打车为主，同样在这些地区只需要建立一个简易的招呼站即可。

在现实中，许多农村地区的客运站在建设完成后，很少人选择去车站乘车，人们还是选择传统的路边招手搭车的形式，久而久之客运车也不再进站，而是选择停在路边，到达一定的人数后就开始发车。许多建好的农村客运站最后沦为了养殖场，造成了极大的资源浪费。

所有的传统产业都能与互联网发生化学反应，那些尚未被互联网改变或者改变不明显的传统行业，则必定蕴藏着巨大的机遇，甚至有可能诞生一个新的商业格局。通过与互联网整合，每一个传统行业的细分领域也都可能爆发出巨大的能量。

回顾几次工业革命的发展历程，从最初的蒸汽机到电力的大规模应用，再到信息技术、新能源技术，许多行业在这个过程中发生了重大的变革。应用蒸汽机以后，传统印刷行业的生产效率得到快速提升，大量的书籍被源源不断地生产出来，推动了人类科技的传播与发展；而大规模应用电力后，收音机、电报机、电视机等产品的发明推动了信息的传播效率。这与互联网出现后，信息传播与通信的变革十分相似。

传统行业完全可以把互联网当成第三次工业革命或者其组成部分。因此，传统行业不用对互联网的出现感到恐惧，它并非是一种新的经济，在互联网未被发明以前，金融业也能够找到自己的生存方式，银行可以通过账本记录每一笔款项，而股票交易所通过叫号的方式也能达成交易。互联网出现以后，金融开始电子化、数据化。我们有理由相信互联网会为传统产业带来更多的发展机遇。

互联网的不断发展，推动了移动互联网技术、通信技术、传感技术等不断突破，深刻改变了人们生活的各个方面，以信息技术驱动传统业态转型升级成为社会关注的焦点。

"互联网 +"时代，还有许多新的商业机遇、新的用户需求尚待挖掘。为此，客运企业应该转变思维方式，积极拥抱变革，抓住互联网时代去中心化、去组织化的发展趋势，以车辆资源共享的理念，不断降低人们的出行成本，提升人们的出行效率，最终实现企业的跨越式发展。

6.3 货运 O2O：突破公路物流"最后一公里"

6.3.1 回顾 2015：货运 O2O 模式的三大趋势

2015 年，我国全面深化改革进入关键阶段，在新常态下，我国经济实施结构性调整、提质增效、协同发展成为必然的趋势。以道路运输为代表的国内公路物流市场中，各大企业通过实施"互联网 + 高效物流"战略在业务模式、组织结构、融资方式及产品与服务方面进行了创新发展，激活了公路物流市场新的活力，挖掘出了巨大的市场价值。

一方面，针对道路运输过程中信息不对等、空载率高的行业痛点，部分企业通过运用信息技术对其进行了改造升级；另一方面，面对移动互联网时代行业之间跨界融合的发展趋势，一些企业拥抱变革，加快企业互联网化进程，为企业找到了一条新的发展之路。

但在公路物流行业的新兴商业模式与传统商业模式的激烈碰撞中，也暴露出了公路物流行业转型及创新的难点。在这一背景下，能够打破当前不利局面，实现公路物流突围的货运 O2O 应运而生，其三大趋势如图 6-1 所示。

图 6-1 货运 O2O 模式的三大趋势

（1）融合发展

Ⓟ

作为物流平台服务整合商的浙江传化物流基地（以下简称传化物流），通过构建高效运营的物流平台，打造了基于"云车"及"云物流"的两大业务体系，将公路物流中的人、车辆、货物通过互联网实现无缝对接，用户下单、配货、发货、支付结单等流程实现了信息化运营。

为了解决同城货运痛点，2014 年 7 月 1 日，传化物流研发的移动端 App 应用"e货的"正式上线，在移动客户端中即可轻易实现物流交易、货物实时监控、增值服务等。它基于传化物流自身的信息化"天网"与涵盖 10 个枢纽、60 个平台、600 个节点的公路港"地网"，制定了一套完善的"最后一公里"物流解决方案，使广大车主的运力信息与货主之间的需求信息有效对接。

广东林安物流集团对运营模式积极进行创新，通过线下基地、互联网、商业贸易、物流配送融为一体的运营模式，为用户打造了线上与线下结合的一站式综合物流供应链诚信交易平台。由园区内的我要物流公司（全称为"广州我要物流网络科技有限公司"）研发的移动 App 应用"我要物流"，为车主、货主、物流企业提供找货、找车、配送、线上交易、平台担保、信用保险等多种服务。

2015 年，互联网货运 O2O 平台迎来了黄金发展期，速派得、货车帮、云鸟配送、运满满等平台服务商开始在国内公路物流市场发力。但互联网货运 O2O 平台在发展初期，业务重点主要集中于车货资源的整合方面，这必然会导致物流园区、物流信息网、第三方物流服务商的利润下滑，市场竞争将愈发激烈，各方利益集团为了自保，甚至有可能发生恶性竞争。

2015 年上半年，网上爆料出一组发生在某一物流园区的冲突事件图片，图片中一家物流 App 平台业务推广人员与物流园区工作人员发生冲突，根据后续相关报道得知，此次冲突事件的起因是平台服务商与物流园区抢夺车货资源。此外，物流信息网与线上货运 O2O 平台之间也容易发生恶性竞争，双方使用网络攻击手段，平台用户无法登陆或者无法发布相关物流信息。这些事件都给相关的政府管理部门敲响了警钟。

新兴企业与传统企业之间的激烈竞争，正表现了在移动互联网时代，物流行业所发生的激烈变革，旧有的商业格局将会迎来一次重新洗牌。但双方之间的竞争需要政府部门予以引导和规范，通过建立公平合理的市场环境，使二者通过优势互补，实现多方共赢的局面。

庞大的国内物流市场，足以满足传统物流企业与新兴货运 O2O 平台的协同发展。

（2）融资提速

政府相关政策的出台、物流市场爆发出的巨大能量，尤其是大量的 O2O 货运平台的出现，使得公路物流领域受到了资本市场的格外关注。据不完全统计，仅 2015 年上半年，获得千万元人民币甚至上亿美元的货运 O2O 平台就有 20 家左右。2015 年 5 月，互联网 O2O 货运平台"货车帮"完成数亿元的 A 轮融资；2016 年 1 月 11 日，同城货运 O2O 平台"云鸟配送"完成 C 轮融资，融资规模为 1 亿美元。

不仅新兴物流平台受到了资本市场的青睐，传统物流企业也在资本市场有所斩获。2015 年 6 月 29 日，安能物流正式对外宣布完成 D 轮融资，融资规模为 1.7 亿美元；德邦物流有限公司于 2015 年 7 月开启上市之路，其估值将超过 200 亿元。

这些巨额投资的背后，不仅有红杉资本、高盛、中鼎创投、真格基金等实力强劲的投资机构，百度、腾讯也出现在了投资者名单之中。诚然，巨额资本的注入能在一定程度上提升公路物流行业的发展速度，但由于物流行业的发展需要相关的基础配套设施建设及市场的培育，在短期之内，这种跨界资本很难起到明显的效果。

2015 年下半年，物流行业的投资增速有所降低，甚至一些物流行业的人士表示"资本寒冬"已经来临。事实上，这种现象的出现，一方面表现了公路物流市场投资过热，整体投资热度已经放缓；另一方面，多家 O2O 企业的死亡，使投资方的投资更趋理性。

（3）创新驱动

针对公路货运"小散乱"的行业特点，大数据、云计算、移动互联网等不断涌现出的新技术，再加上智能化、自动化的系统应用，2015 年的公路物流市场迎来了创新发展的一年。

2015 年，林安物流携手中国物流与采购联合会（CFLP）共同开发了"中国公路物流运价指数"（FPI）。该指数通过运用先进的技术手段，精确地反映了在一定时间内国内公路物流运输价格变化幅度与变化趋势，被物流行业的从业人员称之为"公路物流运输供应与需求情况的晴雨表"。

基于大数据分析技术，阿里旗下的菜鸟网络研发出了"菜鸟天地""承诺达""无忧物流""预约配送"等优质的物流服务产品。"菜鸟天地"能让用户享受到覆盖分拨中心、物流干线及网点之间的订单全链路实时追踪服务。

以货车帮、云鸟配送、速派得、罗计物流为代表的互联网货运 O2O 平台，在技术、产品、服务等方面进行了创新。其中速派得研发的"多点取送""智能路线规划"系统，能让平台用户通过官方网站、微信、App 应用等多种形式，享受下单、交易、实时追踪订单等便捷服务。云鸟配送的五大优势如图 6-2 所示。

| 500 万闪赔 | 优质司机 | 精确匹配 | 运输管理系统 | 流程管控 |

图 6-2　云鸟配送的五大优势

在服务方面，云鸟配送为商家用户建立了"同城货运运力池"，截至 2016 年 1 月 11 日，运力池中已经拥有 10 万多名优质司机，预计到 2016 年年底，司机总规模将达到 100 万人；罗计物流通过大数据技术，与 2015 年 9 月 15 日推出具有支付功能的"运力方"智慧物流平台，不仅能为中小型厂商、批发商提供更为优质的服务，而且通过"运立方"平台也让罗计物流实现了支付闭环，这对构建物流信用体系具有十分重要的意义。

6.3.2 货运 O2O 大数据：模式、平台及市场

（1）四大模式

在现阶段，公路物流互联网平台主要包括物流公司众包模式、全民众包模式、货运 O2O 模式、自建物流模式 4 种运营模式。其中，运宝网、PP 速达为物流公司众包模式的典型代表，人人快递、闪送等是典型的全民众包模式，货车帮、云鸟配送等是货运 O2O 模式，趣活美食送则代表了自建物流模式。

在现阶段，公路物流互联网平台无论采用何种运营模式，都需要有技术及资金的支持。在投资热度日趋放缓、投资机构更加理性的背景下，各大平台不能再过度依赖于烧钱的"免费模式"，而是应该站在物流商家与用户的角度上，对产品及服务进行创新发展，增强企业的自我造血功能，使平台持续稳定地向前发展。

（2）八大"平台＋"

2015 年 12 月，浙江义乌举办的第二届"世界互联网大会 · 互联网之光博览会"上，国家交通运输物流公共信息平台（LOGINK，又称为物流电子枢纽）在其以"连接，改变物流"为主题的新品发布会中，公布了八大"平台＋"产品：快货运、跨境电子商务、宁波航交所"海上丝路指数"、四方物流、易代收、亿海蓝、要发货、园区通。

这 8 种"平台＋"产品，既包括传统物流平台，也包括移动 App 平台，涉及供应链中的生产、消费、服务、流通等多个环节，通过与拥有海量物流信息的 LOGINK 进行数据共享，实现了供应链上下游之间的实时交互，加快了我国公路物流互联网化进程。

（3）"亿元级"融资

2015 年以来，公路物流领域的企业融资迎来爆发式增长。融资规模包括上百万元级、千万元级、亿元级。其中，有多家货运 O2O 平台获得了亿元级别的融资。保守估计，截至 2016 年 1 月 11 日，至少有 13 家公路物流平台获得了亿元级别的融资。

融资规模的不断提升，一方面表明了资本市场对物流 O2O 市场关注程度，对公路物流平台的发展有着较高的信心；另一方面也表现出了物流 O2O 市场的发展需要巨大的资金支持。未来，公路物流 O2O 平台的大规模融资案例还会保持增长。

6.3.3　展望 2016：公路物流领域的三大特征

2015 年，公路物流行业的玩家都在结合大数据、云计算、互联网等技术的基础上不断进行创新发展。虽然在其发展过程中出现了一些不足，但却明显加快了我国公路物流行业的信息化进程。

结合当下的公路物流现状及发展趋势，2016 年，公路物流领域将表现出以下 3 个方面的特征，如图 6-3 所示。

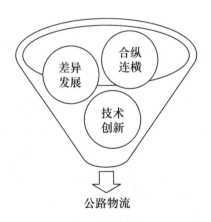

图 6-3　公路物流领域的三大新特征

（1）关键词一：合纵连横

公路物流O2O平台的数量及实力都将有所提升，一些走在前列的平台还将实施更大规模的跨产业融合、开辟新市场、融资等，企业之间的合纵连横将成为一种常态。具体将表现在以下3个方面：

★ 传统物流企业将与公路物流O2O平台展开业务联合；

★ 公路物流O2O平台之间会在服务及市场方面进行合作，双方实现协同发展；

★ 业务范围有一定重合的企业与平台之间，在技术、资本及市场份额等方面的竞争将会更加激烈。

（2）关键词二：差异发展

物流服务将更加多元化及差异化，一些善于创新的企业，将在未来的市场竞争中取得领先优势。

从传统物流中发展而来的O2O平台将依托现有资源，在物流园区、同城配送及物流专线方面继续领跑；获得一定领先优势及新生的互联网货运O2O平台，将根据自身的经营模式，不断寻求适合自身发展的最佳途径。总之，血液中流淌着互联网基因的货运O2O平台，将发挥市场定位、技术及服务方面的优势，最终走上差异化竞争之路。

（3）关键词三：技术创新

大数据及云计算技术在公路物流行业的应用范围将会更加广泛，从而创造出更多具有较高价值的产品及服务。无论是传统物流企业，还是互联网物流企业，在2016年将通过大数据实现产品及服务的定制生产，通过应用云计算技术，整个物流行业将释放出更大的能量。

公路物流领域的企业需要注意的是，无论行业的发展进入何种阶段，都应该注重与实际相结合，将为用户创造价值作为企业生存的基础，既要把握公路物流行业的发展趋势，又要结合当下的行业现状。只有这样，企业才不会在日趋激烈的市场竞争中迷失自己的方向，朝着实现企业最终的战略目标稳步前进。

6.3.4 货运 App：公路货运 O2O 平台的抢滩之战

长期以来，我国的物流业始终存在信息对接失误率高的问题，即货物、司机、货主之间的联系易出现错位，极大地影响了公路货运的效率。利用移动互联网 App 召车已经在出租行业屡见不鲜，滴滴和快的打响的价格战更是让这一市场迅速升温，如今货运行业也加入了 App 电召的行列中。

尽管众多货运 App 的出现和竞争营造出了货运行业平台发展的繁荣景象，但是诸多问题也随之而来，如信息准确度不高、市场不够集中等。

（1）信息公布从小黑板走向手机 App

在我国交通运输行业中，公路货源占比高达 80%，其重要性显而易见。公路运输市场的庞大从几个数据就可见一斑，例如，每年公路相关费用高达 4 万亿元，货主和物流公司的数量超过百万。但是这个市场却存在信息对接失误率颇高的问题，再加上转运环节繁杂，造成成本长期居高不下。

成本问题是我国物流的显著问题。据中国物流与采购联合会发布的数据显示，我国近几年物流总量费用占 GDP 的比例为 18% 左右，这一数字远远超过全球平均水平，比美、日、德等发达国家高出 9.5 个百分点。物流成本高削弱了整个行业的竞争力，因此必须要从信息化角度入手，对货源进行整合，降低成本。

最初在货源集合地，货主都是把货运信息和自己的联系方式登记在一块块小黑板上，然后货物司机就会聚拢上来挑选自己感兴趣的信息，和货主取得联系。随着网络普及率的提高以及终端设备的升级，开始有人试着通过网络来展示信息，设备也由小黑板变成 LED 大屏幕。直到智能手机出现，移动互联网 App 走入货运行业的视野中。

2013 年，货运 App 逐渐开始应用，到 2014 年就到达了一个高峰。

目前，货运 App 主要用于货主与司机之间的信息沟通，即通过平台收集大量的货主和司机的信息，双方可以选择自己感兴趣的信息，并通过 GPS 来进行定位。此外，双方还可以在平台上随时自主发布信息。也就是说，App 平台为货主和车主提供了信息对接的渠道，并且给了二者进行双向选择的机会。

Ⓟ

王长宏是曹操物流网负责人兼荣宇实业集团董事长，之前主要开展的业务是能源产业，2010 年敏锐地嗅到了物流行业的商机，立刻转型创办曹操物流网。2014 年，曹操 App 正式推出，主要用于免费提供货主和车主的信息。此外，曹操 App 还提供了一些特殊服务，如直升机救援等。当然，要想享受这类特殊服务必须交纳会费成为他们的会员。

无论从盈利空间还是对整个物流成本控制来看，曹操物流的价值都不容小觑。按照会员会费中 60% 为成本来看，每个会员一年的会费是 300 元，若会员数量达到 200 万～300 万，利润就会上亿元。王长宏希望未来曹操物流网的发展能够得到企业和政府的支持，把物流成本占 GDP 的比率降低到 1%～1.5%。

身为运输管理软件开发商 oTMS 联合创始人，段琰考虑到如今物流转接环节过于复杂，层层分包的方式在货主和司机之间建立了重重阻碍，使得货主不易直接了解货物和货主的具体情况。因此，他组织开发团队打造了 oTMS 系统以及两个 App。前者主要是货主或者是物流公司来使用，如图 6-4 所示；后者分别服务于司机和收货人。通过三方的共同使用形成信息的交流共享，任何一方都可以及时了解货物的状况，简化中间环节，避免不必要的重复沟通带来的麻烦。

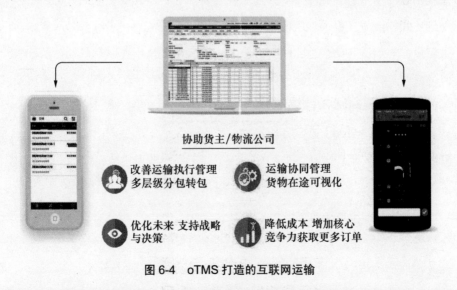

图 6-4　oTMS 打造的互联网运输

（2）平台之间打响竞争战

现如今，互联网正飞速进入各个传统领域，继零售行业被"侵占"之后，未来物流行业也势必不可避免。因此，货运 App 看准商机，争先恐后占领市场。有了零售业转型的经验，传统物流产业纷纷开始布局，推出自己的 App，试图在这场战争中抢占有利地形。

滴滴、快的等打车软件的成功无疑给货运 App 和物流平台的发展注入了一针强心剂。随着资本的不断流入，越来越多的人看到这个行业未来集聚千万融资的可能性，再加上成功案例的不断出现，每个人的兴奋点都被挑动起来了。

近几年，越来越多的货运平台获得大量融资，如 oTMS 在 2014 年年底宣布完成 A 轮融资，由经纬领投注入 600 万美元；2015 年 1 月，一款同城叫车软件"货拉拉"斩获千万美元 A 轮融资；同一时期，"云鸟配送"也完成了自己的 A 轮融资，经纬中国、金沙江、盛大资本联合为其注入 1000 万美元。

如今涉足物流 App 的企业主要分为 3 种类型，即传统物流业转型者、物流信息和 GPS 企业涉足 App 者以及互联网企业，它们各自有自己的优势：第一类在传统的物流业积累了丰厚的物流经验；第二类对信息化了解较为深入，对促进信息化与物流业结合也比较得心应手；第三类则是单纯以互联网为基础来开发的新产品，对它们来说物流领域同其他领域并没有什么不同，都是使用户使用自己的产品，而自己获得市场盈利。

在平台初建时期，这三种涉足平台的人都在忙于构建自己的平台，而基本酝酿结束之后，平台大战就会到来。为了在市场中取得优势，很多 App 都推出了各种活动力图吸引用户，如装系统送手机、送加油卡、送现金等。

（3）建立健全市场监管机制

尽管货运 App 市场呈现出非常活跃的状态，但我们依然能够注意到，至今没有哪一款 App 像滴滴一样表现出对市场的绝对占有率。原因在于货运本身与出租车行业存在本质差异，出租车受政府直接管控，牌照固定化，市场发展流程较为单一，因此一旦有适合其发展的新模式出现，就容易抢占市场。

货运行业的流程比较复杂，且周期长，范围广，市场格局过于分散。再加上传统物流运输发展时间长，根基深，信息化程度很低。App 要想在如此庞大的产业中获得优势，还需要花费相当长的时间培育市场。

另外，很多货主和司机对货运 App 的安全问题还存在疑虑。在货运 App 行业，车主通过 App 接单被骗、货主通过 App 丢失货物等现象屡见不鲜，这对货主和车主来说都是不小的损失。因此很多人在面对货运 App 时首先都会考虑躲避风险，万一被骗该怎么办？还是用传统的方式比较稳妥。

现在很多 App 还是承担了与之前的小黑板一样的功能，即负责传递信息。小黑板上的信息出错，物流园区是不负责任的，其余的价格、接货时间等需要货主和司机共同商议。目前很多 App 依旧只负责双方的信息沟通，并没有涉及交易过程。未来如果货运 App 要涉足交易过程，就必然要承担相应的责任和义务。

信用问题是安全问题中的重中之重。在出租车领域，有乘客用打车软件叫了车，但在等车期间恰好看到一辆空车，就上去了，之前预订的出租车司机只好无功而返。在货运 App 领域也存在这样的问题，信用问题是很难完全避免的。无法从道德层面进行强制约束，就只能在制度上加以限制。举例来说，一个司机在某平台上好评率高，信用等级累加高，平台就可以给他设置较高的星级，并向用户主推这辆车，从而促使其他的司机也积极提高自己的信用等级。这种做法实际上是从利益角度来对用户进行激励，在市场经济条件下还是比较有效的。

任何一个行业走入发展的高峰之后，由于利益的驱使和竞争的加剧，各种问题也会随之而来。因此在这个时候就必须建立健全市场监管机制。而对于货运行业来说，其运输距离长，且传统发展模式根基深，因此在进行信息化转型时要格外注意安全问题，无论是国家还是企业都必须对 App 的安全予以重点关注。

未来的平台一定会朝着细分化方向发展，市场也会更集中，部分货运 App 会形成自己的市场优势，但难以做到全面占据市场。从发展趋势来看，如果有企业能占到市场份额的 10% ～ 20%，就已经相当成功了。经过几年的市场争夺，必定会有企业崭露头角。

Chapter 7

第 7 章

"互联网＋物流"：构建新型的智慧
物流生态圈

7.1　互联网思维对物流行业的影响与冲击

7.1.1　电商催生物流行业"野蛮生长"

"互联网思维"这个词汇自 2014 年开始频繁进入人们的视野，其中不乏为了引人注意而牵强附会的一部分使用者。事实上，问题就出在使用词语的目的。以词语作为标牌仅仅是为了吸引眼球，并没有太大的意义，但是真正从"互联网思维"的角度出发去看待问题，应用到实践过程中，就会发挥巨大的作用。

互联网的普及给传统企业带来了巨大的发展空间。物流作为传统行业的一种，也能够从中获得益处。

电子商务经过近十年的积累，大大促进了我国物流行业的发展，如今，阿里巴巴、京东等在国外上市成功的企业越来越多，物流对它们来说更加重要。正是由于这个原因，京东在运行过程中一直注重物流环节的完善；阿里巴巴于2014 年上市成功后也宣布其物流平台正式运营。像京东、阿里这样的大规模平台电商自然懂得物流的重要性。

不过，在现实情况中，那些以电商为主要顾客的物流公司，实际上没有认识到自己的重要性。大部分物流公司的经营还是局限于传统思维，依靠物流服务中收取的薄利进行自身的运作，这些商家只顾着埋头苦干而不注意转换视角。其实，物流领域已经发生很大的改变，主要表现为以下 4 个方面。

（1）包裹量增多

我国经物流企业传递的包裹数量从 2012 年到 2013 年的时间增加了 35 亿个，增长比率达 61.4%，2014 年以及 2015 年，不只是传递数量发生了大幅度的上涨，该领域的商业情况也大有不同。

（2）物流需求发生变化

当大部分物流公司以合同物流为主要发展对象时，电商对物流的需求却愈加明显；而物流公司展开对电商服务的竞争时，O2O 及 C2B 对电商的需求也凸显出来。不仅如此，阿里巴巴、京东等企业也开始注重自己在物流环节的发展规划，越来越多的物流企业发现了新的领地。面对这样的情形，传统物流企业是否意识到它们应该调整一下自己的方向了呢？

（3）物流业态的不同

根据统计结果，高速路货车在 2013 年的流量比 2012 年减少了 25 个百分点，半挂车的销售量也比 2012 年有了大幅下降。与之相反的是，顺丰等企业的流量在近几年有了大幅上涨，有的甚至能够翻一番，从中我们可以看到物流载体发生了改变。

（4）物流上游业态的加速变革

传统的商业思维主要指工业化思维，2014 年，互联网思维取代了之前的思维方式。如果立足于商业领域的供应链，供应链模式与以往也有所不同。

工业化思维主要是通过大规模生产，在各种消费渠道发展末端消费者，库存销售是其主要的供应方式；互联网思维下的经营方式有所转变，C2B 模式在消费者与商家之间建起了联系的渠道，这个模式已经被成功应用到多个行业的经营过程中，海尔家电的 DIY 模式代替了传统的经营方式，特斯拉汽车经营模式代替了底特律的汽车生产模式。互联网思维下的企业销售，由库存销售过渡到信息共享模式，相应地，物流服务的经营方式也不再维持传统的方式。

互联网思维的运用，促使了 C2B 模式的运用和线上线下一体化模式的结合，物流服务将逐渐趋向于批次和频率的双向提高以及批量的降低，传统的物流服务模式将逐渐被取代，对快递的服务需求将逐渐增多，物流企业要抓住这个难得的时机，促进自身的发展。

因此，互联网思维的运用将促使物流上游业态的变革，如果物流企业不能适应市场需求的变化，就有可能在竞争中落败。

7.1.2　"互联网思维＋物流"的商业机会

（1）物流平台互联网化

在我国物流领域领跑的平台包括"最后一公里"平台、零担物流平台、快递平台、物流运力资源平台、公路港平台等，从宏观的视角看待物流平台的走向和其价值所在，这些平台之间并不是独立运转、毫无干系的，它们联在一起组成了我国物流的整个生态圈。

到 2014 年，我国物流领域中的平台化企业不仅仅再停留在探索阶段，只是还没有形成物流平台化的业态，我国的物流企业还在以传统方式运作，应当怎样改变传统的思维模式？

阿里巴巴、360、小米的经营模式能够为物流企业带来启示。

★ 阿里巴巴不从上下游中拼命争取利润，而是立足于平台，突出强调信息、金融、营销等的价值所在，事实上，通过物流平台达成的交易额也很多，经营过程也突出了大数据的作用。阿里的平台经营方式是对互联网思维的成功实践，能够为其他商家提供宝贵的经验，而物流平台也能为小型物流公司的发展提供机会。

★ 小米利润的绝大部分并不是来自手机，其利润主要来源于手机配件和其他增值服务。而且，物流平台将上下游结合起来经营。

★ 在与竞争对手瑞星、金山展开激烈争夺时，360 为用户提供免费服务，使得网络杀毒软件激烈的竞争局面被打破，如今杀毒软件都成为免费软件。360 的思维模式一反传统，首先开发更多的消费者，为自己的发展做铺垫。

互联网思维在 2014 年的商业领域得到初步的应用，如互联网物流交易平台的推出、物流园区与互联网的结合等，这一模式未来将得到进一步的拓展，并产生巨大的效益。

互联网的应用突破了时空的局限，物流平台需要改变传统的思维方式进行自身的变革。如果不能实现技术升级或升级不能促使物流行业的变革，就需要转换角度创新商业模式。

（2）物流领域发展粉丝经济

大多数人认为物流行业的发展会比较稳定。这是因为物流企业虽然在物流服务中得到的利润不是很多，但其在经营过程中能够获得营销及商业所需的大量信息。在移动互联网时代，如果能够确保信息的安全，物流企业掌握的大数据和营销信息将发挥巨大的作用，由此所产生的效益是大多数人想象不到的。

以快递作为例子，我国在 2013 年的快递包裹达到 92 亿个，有 4 亿人通过网购来消费，物流企业可以分析这些网购用户的位置、偏好以及网络消费的频繁程度等，并可以借此发展粉丝经济。

Ⓟ ---

充分开发物流领域的粉丝经济，利用微信或手机程序为用户呈现追踪服务，以此获得顾客的数据，提高营销的针对性。顺丰和百世物流就是通过这个方式来经营的，该方式使得物流企业提高了用户的依赖性，获得了更多用户的青睐，如顺丰速运和顺丰优选结合的经营方式就是把快递会员和电商平台连接在一起。

物流企业利用获得的大量用户信息能够延伸出营销功能。比如，陕西落地配企业黄马甲提供的物流服务仅仅是落地配的一个组成部分，营销功能也是重要的组成部分；蚂蚁物流是成都著名的物流企业，为用户提供搬家服务能够将末端触角延伸到大量用户群中，以此来促进目录式营销的开展，获得用户群的信息。实际上，物流服务并不能为蚂蚁物流带来多大的利润，不过物流能够获取用户信息，从而促进其他营销活动的开展。

许多人认为 toC 是粉丝经济的主要模式，事实上，toB 也能够将粉丝经济发展得很好。加入各商家可以将物流需求方的需求和能够引起他们注意的信息集中起来，辅助物流需求方建设成为其高层服务的平台，就能大大提高用户的依赖性。

物流企业应当致力于打造最大的物流业粉丝平台。处在不同阶层的人群对物流服务有不同的需求，划分用户的需求，事实上就是粉丝经济，到 2014 年 6 月 1 日，我国对物流服务有需求的用户数达 72 万，这个巨大数目背后蕴藏着非常大的商业效益。

物流企业能够与用户直接接触，因此应该转换传统的思维方式来开拓粉丝经济。

（3）信息传递更加快捷，带动行业供求及运营监控向平台化发展

移动互联网的普及促进了经济的发展，商家与消费者的互动更加方便、快捷，也提高了交易的安全性，那么，将互联网运用到物流企业的运营中会发生什么变化？

> ★ 发货方与物流企业的交易会变得更加扁平化，但是短时间内还不能完全脱离信息中介，原因在于中介方也在努力跟上互联网时代的步伐。交易环节更加便捷将带动行业的进步和发展。比如，"路歌车场"在 2014 年将打车模式和物流结合起来，这是 2014 年我国物流领域迈向互联网化的标志性的一步。

★ 物流运营数据监控的可视化程度提高。2014 年，汇通天下正式上线 G7 平台，这一举动使得物流运营数据和监控环节实现真正的扁平化。

★ 物流园区和公路港平台的连接，也会带动信息向扁平化方向的发展。

★《物流指闻》是我国物流领域唯一的新媒体平台，该平台于 2014 年 5 月实行了一项举措，为各大商家免费发布用人招聘。平台利用微博微信等对外发布招聘广告，一个月之后，在 40 多个应聘者和商家之间成功架起桥梁，这是互联网思维应用于物流领域的一次成功实践。

信息传递更加快捷是物流领域发展的方向，这在一定程度上会对传统物流企业的运行造成冲击，新的经营模式最终会取代传统模式。

（4）众筹模式促使物流领域的革新

众筹模式是互联网经营方式的组成部分，无论是资本众筹还是资源众筹方式被运用到物流领域，都将促进物流领域的革新。

★ 3W 咖啡就是运用互联网众筹模式发展起来的例子。其经营过程中积累的经验能够为物流领域的发展提供借鉴，促使物流企业形成自己的商业平台。3W 咖啡在前台运营中发挥了资本众筹的作用，后台则应用了资本众筹，这两方面都可以为物流企业运用众筹模式带来启示。

★ 快递及零担在发展过程中运用了运力整合的方式，2014 年、2015 年，社会化的整合方式迅猛崛起，物流领域的运行有其背后的商业逻辑，有些企业因为摸不清楚该领域的运作方式而在竞争中惨遭淘汰。如果将这种方式以正确的思维运用到实践过程中，会为物流行业的发展开拓更广阔的空间。

国外的许多企业都采用了众筹模式，但是在我国，尤其是物流领域还没普及开来，还要经历一个漫长的发展过程。

（5）营销方式的变革促进物流的发展

如今的用户对物流的要求更加苛刻，这使得物流企业的运营更加艰难，针对这种情况，物流企业是否真正把握住了用户的核心需求，是否能够凭借自己高品质的服务吸引更多的用户并提高用户的依赖性、培养成长期用户呢？

产品内容的重要性日益提高。互联网时代的到来，使内容比营销手段更能吸引用户的注意。对此，物流企业需要改变传统的营销思维，增大营销平台的效益，激发用户的兴趣，努力使那些具有影响力的用户成为自己的粉丝。不仅如此，要将互联网思维运用到物流营销中，为用户提供全方位的体验，增强与用户的沟通。

互联网思维的运用会促进物流营销方式的变革，如果物流企业的服务不能满足用户的需求，那么企业的营销就不可能成功，要保证自己的营销思维能够领先于用户，才能确保自己的企业不会落伍。

我们不妨预测一下互联网思维运用到物流领域会带来哪些新面貌：

★ 提供免费服务；

★ 信息实现完全的扁平化；

★ 通过物流服务掌握用户信息，以此开发新的利润来源；

★ 通过大数据分析和社会化营销提高营销的针对性，发展长期用户，提高影响力；

★ 进行技术方面的革新，以此为基础来改革商业模式；

★ 运用众筹模式、跨界整合等方式发展物流平台，促使物流领域增加盈利点。

7.1.3　物流 O2O 模式的 5 种运营策略

O2O 自 2013 年进入了高速发展的阶段，其商业模式是将互联网作为线下交易的前台，只要其运作得当，就能够实现商家、消费者和服务提供商三赢的局面。然而，此模式尽管有非常大的价值，但是也存在着严重的不足，那就是"最后一公里"难题。

所谓"最后一公里"指的就是物流配送中的线下送货上门服务。如今，互联网创业者动辄就谈 O2O，可真正能够摸准路子的却并不多，而能解决其根本难题的更是少之又少。

当然，少并不代表没有，目前已经有许多企业针对这一难题使出了自己的看家本领，提出了各种创新性的解决模式。纵观这些解决方案，我们会发现它们都有一个共同点，那就是"重"，要么是重物流，要么是重资源。尽管如此，这也已经算得上是目前比较好的解决模式了。下面，我们就分别做一下分析。

（1）自建物流中心

这一解决方案是参考了京东自建物流的模式，能够保证货品配送的效率，还能够满足消费者对货品个性化定制的需求。有了自己的物流中心，就可以缩短送货时间，并能够保证所送达货品的质量。在 O2O 商业模式之中，生鲜类和餐饮类是比较适合用此种模式的。

Ⓟ

在我国，喜欢吃火锅的人很多，以前想吃火锅只能选择外出就餐，而今，火锅 O2O 已成为了众多商家新的尝试，北京专业的火锅外卖——中农庄园家家送火锅就是其中一个典型，它拥有自有品牌，且能够通过自建物流进行配送，满足大部分的订单需求。一般来说，接到订单之后，商家便会准备好订单所需食材，并进行简单的加工处理，随后由自建物流中心来进行配送，所耗费的时间不会超过 3 个小时。

到家美食会是属于美食外卖 O2O，但却与市面上常见的美食外卖模式有着很大的不同，那就是自建物流系统，培训专门的送餐配送人员。对于餐饮行业的 O2O 服务来说，其配送效率就是生命，服务就是资本，而到家美食会正好就抓住了这两点。另外，到家美食会的目标受众为中高端人群，提供的是中高端餐厅的外卖服务，虽然成本投入相对较大，但获得的利润也相对较高。

这种解决模式虽然在一定程度上解决了配送难题，但其带来的劣势也是比较明显的。对于企业来说，成本的大量支出制约了企业本身的发展，而其服务半径与服务目标群体，也有着一定的局限性。尽管如此，这一模式仍不失为一个较好的解决方式，运用此模式的企业不仅能够保证服务的效率，还能保证其质量。

（2）把配送站建在小区旁边

社区 O2O 服务就是指企业以互联网为媒介更好地去服务居民的社区生活，其切入形式比较多样。我们可以把这些配送站看作一个服务站点，将来自各地的货物聚集于此，然后再以此为中转，发散到附近的居民手中，而居民若是恰好经过或是着急使用还可以去自提。

我们不妨以社区 001 为例来具体解读一下这一模式。

社区 001 的做法是分商圈，将北京视为一个大商圈，然后在以方圆 5 公里为依据划为不同的组成商圈，在每一个组成商圈的中心处设置站点，并配备一定数量的基层快递员。每个商圈内部的所有商超都被纳入到本地站点的服务范围，所以位于不同商圈的消费者所看到的平台内容是不同的，真正实现了本地化。如此一来，社区 001 许诺的 1 小时送达是完全可以实现的。

社区 O2O 的发展，要么需要有线下长期连续的合作对象，要么需要自己设置很多的店面，否则就会受到制约。作为去中心化的服务，如果仅仅作为一个中转站的话，那么无疑只会在物流运输过程中增加成本投入并降低效率。

所以说，只做到这一点绝不是真正的 O2O。另外，还有一种类似的模式，就是偷换了"最后一公里"难题的概念，将送货上门改成了线下提货。青年菜君就是使用这一模式，将地铁站作为其线下提货点的标志，方便用户自提。虽然这种做法节省了物流成本，但却同顺风嘿客一样无法解决配送直达家门的最终目标。

（3）聘专业人士提供上门服务

在当今这个经济飞速发展的社会，人们习惯了快节奏的生活，很多人工作一天下来疲惫不堪，没有余力再去做家务，而那些工作繁忙的爱美女性也没有太多的空闲时间去做美容，于是聘请专业人士上门来提供服务就成为了一种潮流。

然而，这一双赢的形式却有着一个致命的矛盾，那就是用户找专业的家政员或是美容师所花费的时间成本过高，而那些专业的家政员或美容师则面临着没有稳定订单的尴尬。解决这一矛盾的方法很简单，那就是整合专业人员资源，然后提供给相关用户，于是新的O2O服务行业出现了。

P

阿姨帮就是这样的一个O2O服务平台，它翻新了传统的保洁保姆行业，招募并培训了专业的家政阿姨，统一着装、统一工作流程，为用户提供日常保洁、大扫除等服务。用户只需要通过其O2O服务平台进行预约就可以了。

而河狸家则是提供上门美甲服务的O2O平台，因其定位为"手艺人上门服务"，说明其业务在不断发展的过程中会有延伸。这种模式下的O2O企业为了保证服务质量都采取了一系列的措施，比如说服务后的用户评价等。

这种模式既节省了用户寻找专业人员的时间成本，又稳定了专业人员的经济收入，但对其本身来说，却是面临着成本大幅度提升的困境。

（4）整合物流闲散资源提供快速服务

对于电商来说，可谓是"得物流者得天下"，其实对O2O企业来说，这句话同样适用，尤其是生鲜的配送，更是决定了其企业的生死存亡。生鲜食品一旦配送不及时就会产生质量下降的状况，用户自然不可能接受，就会退货，久而久之就对企业产生了不信任感。然而，要想快速、及时地配送成功，就需要对物流体系进行高标准、严要求，成本就会相应地提高。效率与成本就出现一个不可调和的矛盾，企业的前途就变得渺茫起来。

在这样前进无路、后退无门的情况下，生鲜O2O企业要做的应该是另辟蹊径，寻求新的突破点。比如，整合社会闲散物流资源为我所用。

ⓟ -

家家送火锅满足了大部分订单需求，那就说明还有少部分的订单需求得不到满足，那么家家送火锅是怎么做的呢？难道就此流失掉这些用户吗？当然不是，他们的选择就是整合社会闲散物流资源为我所用。他们将下班或处于休息时间的快递员利用起来，并支付额外的快递费。于是，那少部分的订单需求也得以满足，家家送火锅也赢得了口碑。

使用了同样方法的还有爱鲜蜂，不过他们利用的并不是快递员，而是那些有着较多闲暇时间的小卖店店主。这些小卖店店主多是位于住宅区内或是办公区附近，时间比较灵活，不仅可以通过送货来获得收入，还能够将自己的商品置于其O2O平台上进行销售。也就是说，"最后一公里"的配送由这些人来完成，而且效率还能有所提升。

- -

事物都是具有两面性的，有好的一面就有不好的一面，这种整合闲散资源为我所用的方式同样也遇到了自己的问题，其分担配送需求的能力有所欠缺，在订单少的情况下可以游刃有余，但是订单量一旦骤增，那么其能发挥的作用就只不过是杯水车薪了。

（5）线上替人排队，线下提供服务

时下，看病难成了一个严峻的社会问题，患者没有正确的渠道获取医院与医生的资讯，也就没办法找到合适的医生；大型医院患者众多，挂号排队无论是线上还是线下都极为艰难。面对这种情况，O2O创业者们和互联网巨头们都敏锐地发现了其中的商机，上线了医疗O2O。不同的医疗O2O有着不同用途，但都是为了解决看病难这一现状。

ⓟ -

2014年，线上业务风生水起的丁香园就宣称要开设线下诊所。作为国内拥有最多医疗资源的互联网平台，丁香园将借助其大量职业医师的优势，为线下诊所助威，使患者的病情可以通过线下就诊得到妥善的解决。

而挂号网针对的是挂号难的问题，并引导跟进整个就医流程，从找对医生到挂号、再到就医看病。截至 2016 年年初，挂号网已经聚合了全国 3900 余家医院，600 家重点三级以上医院的预约挂号资源，为全国各地的老百姓提供方便的就诊服务，如图 7-1 所示。

图 7-1　挂号网

此模式实际上是移动互联网在医疗方面所做出的一个巨大贡献，在一定程度上缓解了看病难的问题，为繁琐、费时、不必要的重复就医提供了有效的解决方式。这种模式与其他行业的 O2O 平台不同，其门槛相当高，因为医疗 O2O 平台的建设必须建立在数据库的基础之上，并依托专业的医疗资源而发展。

综上所述，这些不同的 O2O 模式都是具有颠覆性的解决方案，极具品牌价值。无论是哪一个行业，无论采用的是何种类型，但凡 O2O 企业，就必须找到

合适的方式以降低其物流消耗，保证企业健康有序地向前发展。

7.2 "机器人＋物流"：工业 4.0 时代的物流新机遇

7.2.1 机器人在物流领域的主要应用

机器人技术的不断发展和成熟，使机器人在解决劳动力不足、提高生产效率方面发挥了越来越重要的作用。物流自动化进程的不断加快是推动物流行业迅速发展的重要标志，随着机器人技术在物流领域的应用，物流行业迎来了一个新的发展局面，而机器人技术的应用程度也成为了衡量物流企业竞争力的重要因素。

（1）自动化立体仓库

自动化立体仓库的诞生和应用是推动物流系统走向现代化的重要力量，其不仅可以提高空间的利用率，同时也可以提高物流效率、减少流动资金的积压等。

自动化立体仓库作为物流仓储领域出现的一种新概念，市场总值已经超过了 170 亿元。据调查结果分析，未来几年，市场对自动化仓储的需求每年将保持 17% 的增长。目前国内的立体仓库面积大约有 1.5 亿平方米，自动化仓库有 2000 多座，多层立体仓库接近 10 座。

人力成本、土地成本以及能耗成本的持续上升以及各个物流企业重复建设所造成的资源浪费让物流行业陷入了转型升级的困境。国内普遍使用的都是经营性通用仓库，缺乏自动化程度较高的立体仓库，难以满足电商企业和物流企业的物流运输需求。因此，电商以及大型的物流企业开始走上了建设自动化仓储物流的道路，而物流机器人的需求也迅速增大起来。

机器人技术主要应用于物流中的包装码垛和装卸搬运两个作业环节，而随着机器人技术的不断提升，机器人技术也开始被广泛应用于其他物流领域。

在物流行业中应用机器人技术，带来的显著变化就是物流效率的提升。智能机器人可以完全取代人力完成货物搬运、周转等工作，同时也可以从事危险性较高的工作。未来，智能机器人将在物流领域发挥愈来愈重要的作用。

（2）码垛机器人

码垛是自动化物流中的一个重要环节，自动化物流需求的上升，让传统码垛设备的工作压力越来越大。机械式的码垛机不仅占地面积大，操作程序复杂，而且耗电量大；采用人力搬运需要消耗大量的劳动量，而且费时，不能保证码垛的质量，容易出现码垛尺寸不合格无法顺利存储的问题。

而专为这一环节而研制的码垛机器人如图 7-2 所示，有直角坐标式机器人、关节式机器人以及极坐标式机器人 3 种类型。使用码垛机器人可以完成对包括纸箱、瓶装、罐装、袋装等各种形状在内的包装成品进行码垛。

图片来源：机器人网

图 7-2　码垛机器人示例

来自欧、美、日的码垛机器人在码垛机器人市场上占据了九成以上的市场份额，码垛机器人已经普遍应用于码垛工作中。

1）从效率上讲，码垛机器人不仅可以承担较大的负重，而且相对于人力，码垛速度和质量都得到了极大的提升。

2）从精度上讲，码垛机器人都有一套独立的控制系统，可以保证码垛的精度，而且重复精度能够达到 ±0.5mm，完全契合了物流码垛作业的定位要求。

3）从稳定性上讲，目前世界上最先进的码垛机器人可以达到 5 轴和 6 轴，同时在设计中还结合了科学、合理的刚性机械本体设计，不仅增强了机器人本体对高负重、高频率码垛作业的承受和适应能力，同时也提高了码垛机器人的灵活性，扩大了码垛机器人的应用范围。

4）从成本控制上讲，使用机器人前期需要投入比较高的成本，但是却能够为企业获得最大化的边际成本效用。同时各家机器人还不断在产品中加入新的科技成果，提高产品的性价比，让用户在一定的成本内获得更高的回报。

（3）分拣抓取机器人

分拣抓取机器人主要应用于拣选作业中，将物品进行分类。分拣抓取机器人需要有图像识别系统和多功能机械手，适应物品品种众多、形状各异的分拣情况。机器人运用图像识别系统识别物品，并利用与之相应的机械手抓取物品将其放到相应搭配的托盘上。

从市场目前的状况来看，仓储物流领域应用分拣机器人的企业并不多，已经有部分企业走在了探索研发的道路上。

随着机器人技术的不断成熟，未来就可以实现智能化的物流仓储，由一台台机器人将货运送到包装台，通过分拣抓取机器人准确识别物品，包装好之后再送到传输带上。

分拣机器人目前已经形成了样机，而其未来在市场上的应用，也将推动无人仓储的梦想向前迈进一大步。智能分拣机器人在物流、电子商务以及工厂等领域的应用，不仅将有效提升仓储管理的效率，同时还将帮助企业进一步降低人工成本。

7.2.2　AGV 机器人：引爆仓储物流智能化革命

在传统的仓储物流系统中不仅需要有大量的工人来完成搬运工作，同时还应该配备一定数量的叉车、货架、托板、容器等。而在现代的仓储物流系统中，只需要少量的 AGV 机器人、货架、托板、容器等即可。

从表面上看，两种仓储物流系统的区别在于 AGV 机器人的应用取代了搬运工人以及叉车，但其实从更深层次来看，AGV 机器人不仅节省了人力以及设备，同时还在效率、成本、空间、安全、自动化等方面进行了一系列的优化，带来了一种全新的仓储物流体系。人力成本的持续上升以及机器人成本的下降，使得机器人取代"人"成为了大势所趋，而 AGV 机器人在推动仓储物流智能化上具有不可替代的价值，如图 7-3 所示。

图片来源：机器人网

图 7-3 AGV 机器人示例

（1）畅想未来

在以 AGV 为核心装备的智能仓储物流大致是这样的：多层库房、内置有数量不多的货架、AGV 提升机、AGV 穿梭、无人仓储。这也就意味着如果除去信息控制系统的话，要构建一个智能仓储物流只需要有提升机的库房、货架以及

AGV。

机器人的应用可以代替人从事繁重的搬运体力劳动，而被解放出来的工人们也有机会去做更加轻松并且有意义的工作。搬运机器人的应用在提高了搬运效率的同时，也创造了更多的财富，因此人们可以不必担心"机器人抢饭碗"的问题。从社会分工出现以来，职业的新陈代谢已经成了一个时代发展和进步的重要标志，因此机器人对人力的取代让更多人开始注重自身素养和技能的提升，在一定程度上推动了社会进步。

随着智能化的进一步提升，未来的智能仓储物流装备可能会具备无人驾驶功能，同时具有高效的通信和信息处理能力，可以根据指令实现互联互通协同作业。不仅如此，智能装备还可能会拥有自适应能力，与订制的智能工具实现良好的匹配，更高效地完成自己的工作任务。这种革命性的装备升级将给仓储物流领域带来颠覆性的变化。

当智能装备价格不断下降的时候，传统搬运装备将逐渐失去自己的价格优势，传统搬运设备生产商都在积极思考应该怎样保护好自己的市场地位，因此我们也就看到了很多生产商要么选择自主研发、要么选择合作开发，都纷纷走上了推动装备智能化升级的发展道路。

（2）思考现在

在畅想未来的同时，也不应该忽略对现状的思考。AGV 属于移动机器人的范畴，AGV 应用的场景非常丰富，包括工业、服务业、生产、生活、军工、特种等。但是从现阶段来看，AGV 的开发利用还是非常有限的。

与其他机器人一样，AGV 仍然处在初期发展阶段，离高度智能化还有一段距离，成本始终居高不下，而且市场上同质类产品的层出不穷，也使其发展举步维艰，未来期待 AGV 能够进一步发展，并产生几个具有领导性的品牌，在丰富 AGV 产品线的同时，提升 AGV 的产品品质，从而更好地服务于智能化仓储物流服务。

如同管中窥豹一般，透过 AGV 的高速发展和应用，我们可以预见仓储物流智能化领域必将迎来一场巨大的变革，同时这场变革还将延伸至整个物流、制造行业以及生产生活领域。

以后，可以使用机器人完成的工作将没有必要聘用大量的人工，人们被从繁重的体力劳动中解脱出来，拥有了更多的时间去创新和创业，同时也可以更好地享受生活。而只有不断地创新和创业，才能够体验到机器人应用所带来的便利，进而形成对机器人的依赖，不断推动其成熟升级，从而将人们带入一个全新的智能制造时代，让更多的人可以享受到机器人带来的极致体验。

7.2.3　搬运机器人：有效提升物流装卸效率

随着时代的演进，自动化、智能化已经成为一种潮流，自动化和智能化在物流行业的应用也产生了智能化仓储物流系统等形态。而机器人作为一种可以自动执行工作的装置，不仅可以直接受人的操控，也可以按照预先编排的程序执行工作流程，同时还可以按照人工智能技术的制定开展工作。这种高自动化和智能化装置带来的高效、便利体验，也让机器人成为了物流行业炙手可热的设备。

装卸搬运是物流系统中的一个重要组成部分，而机器人技术的应用，有效提升了物流系统的效率。搬运机器人可以安装在不同的末端执行器从事各种形态的搬运工作，将人们从繁重、重复的体力劳动中解放了出来。目前，搬运机器人已经被广泛应用于工厂内部的搬运、物流系统以及制造系统中的运转和大型港口的集中箱搬运等。

从货物的运输、储存到包装、流通和配送，装卸搬运始终贯穿其中。而搬运机器人的应用不仅提高了空间的利用率，同时也增强了对货物的搬运能力，节省了装卸搬运的时间，提高了装卸效率。世界上已经有部分发达国家出台了人工搬运的最大限度，规定只要超过最大限度就必须由搬运机器人来完成。而目前市面上的搬运机器人的最大负重可以达到 500 公斤。

 -

【案例】日立物流机器人：可以实现自动装卸和搬运的机器人

2015 年 8 月，日立公开宣布研发出一种新型机器人，可以自行移动并装卸和搬运货物。这款机器人安装有两条灵活的机械臂，可以用于抓取不同形状、尺寸和重量的货物，并搬运到指定的位置，如图 7-4 所示。

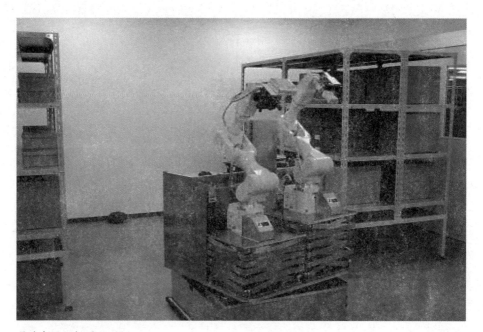

图片来源：机器人网

图 7-4　日立物流机器人

传统的机器人在面对形态各异的货物时通常会束手无策，而新型机器人则可以轻松应对。电子商务的繁荣使得多种形态货物的少量搬运需求日益增多，传统的机器人越来越难以满足这一需求，未来两三年内，这种新型机器人将正式投入使用。

目前在物流仓储中使用的搬运机器人只能连续搬运同一种形状的货物，但是货架上不可能只有一种形态的货物，因此搬运机器人在搬运多种形状的物品上仍然存在技术瓶颈。

而日立推出的新型机器人是在移动平板车上安装 2 个升降台，并分别安装上操作臂型的机器人，一条机械臂的顶端安装有吸附装置，而另一条则装有 2 根机械手指。移动平板车在到达指定的货架之后，调整升降台的高度，并利用安装在机械臂上的摄像头对货物进行确认，然后调整出能够拿起货物的形态，最后拿起货物。

例如，物流机器人取箱中的 PET 瓶的时候，会利用机械臂上的吸附装置将货架上的箱子移到近前，并用 2 根机械手指将箱子中的 PET 瓶取出来。如果物品的重量比较大，还会在下面托着搬运。新型物流机器人可以搬运各种形状及重量的货物。

这款新型机器人的整体构造包括 1 台平板车、2 个升降台以及 2 条机械臂，只需要这 5 个装置就可以完成多样化的工作。但是在完成工作的过程中需要各个装置相互协同，因此也就离不开各个装置之间的通信联动。

平板车在移动的过程中可以通过传感器测量与货架之间的距离，在距离只有 1 米并且需要共同作业的时候才会向机械臂发出信号，这样不仅减少了通信量，同时还提高了动作速度。在一般情况下，从平板车停在货架前到取出箱中的物品只需要 3 秒。

随着多种货物少量搬运需求的不断上升，作业能力强的机械臂型机器人将会受到更多企业的欢迎。日立打算首先将这款机器人应用在自己公司的物流仓库中，之后再将这一产品推广到其他公司。

机器人技术不仅可以有效提升物流效率，同时其对人力的替代可以对人身安全提供更多的保障，减轻人工的劳动强度。机器人作为一种机电一体化数字化装备，具有较高的技术附加值和广泛的应用范围，对于推动生产发展和社会进步具有重要的意义。未来，机器人将成为自动化生产线的主要形式，并将在物流行业实现更广泛的应用。

7.2.4 配送机器人：物流行业的"快递小哥"

电子商务的繁荣发展，使中国快递行业始终处于高速发展阶段，日益增长的包裹数量，使物流末端配送面临越来越严峻的形势，同时快递员这一职业也"荣登"整个快递产业链中岗位紧缺的榜首。快递员是一个非常辛苦的职业，不管多么恶劣的天气都肩负着为用户配送包裹的重任，付出的心血要远远超越拿到的薪水。因此，越来越多的快递员从岗位上"出走"。

面对越来越大的行业压力以及居高不下的快递员流失率，许多电商企业和快递公司也正在积极解决这一问题。而国外在这一方面已经取得了突破性的进展，开始利用机器人来配送货物，创造了一种全新的配送方式。

（1）无人机

亚马逊和谷歌是最早提出无人机送货概念的公司，同时也为这一计划的实现开展了积极的探索和努力。

2015年11月，亚马逊推出了一款应用于30分钟送货上门的无人机样机，这款无人机不仅内置有自动装填系统，同时其内置的特殊设计还可以让货物在机身内保持平衡。这款无人机飞行高度能达到122米，飞行速度约为90km/h，覆盖直径约48公里。

无人机可以感知周围的障碍并进行躲避，不需要人工操控就可以自行起飞和降落。当飞机到达目的地之后，无人机会悬停在空中，并对即将降落的地面位置进行扫描，排除各种可能存在的安全隐患，认为安全之后，无人机就会降落并放下包裹，然后立即飞回空中。

国内的快递公司和电商企业也有实施无人机的战略，但是大都处在测试阶段。未来随着无人机技术的发展成熟，在获得相关部门批准的情况下，无人机送货将被广泛应用。

（2）地面机器人

国外的一家创业公司Sphero开发了一款地面机器人，名称为AmazonGround，如图7-5所示，这是一款可翻滚的球形机器人，用户使用iPhone就可以进行控制，同时用户既可以直接操作单一机器人，也可以同时使用多个机器人进行配合应用。

目前，Sphero已经推出了这一款机器人的2.0版本，并且与亚马逊建立了合作关系，未来这一款机器人将在亚马逊大展拳脚。

图片来源：新浪网

图 7-5　Sphero 公司的地面机器人

将这款地面机器人应用于末端配送还有许多问题尚待解决。如果这款机器人出现在大众视线中势必会引起公众的好奇，而如果它在执行任务的过程中受到干扰就容易产生故障。因此，当前这种机器人只是局限在仓库或某些特定的场景中，未来当具备一定的条件之后，地面机器人或将在市场上大放异彩。

（3）自动驾驶机器人

国外的一家创业公司 Starship 研制出了一款自动驾驶机器人，可以完成送快递的工作，如图 7-6 所示。

用户在下单的同时可以在网上选择预订送达时间，这款机器人就会通过陆运的方式穿过马路，将包裹准时送达用户家中，用户只需要做的就是在家耐心等待。此外，用户也可以用配套的 App 对机器人的位置进行追踪，随时掌握机器人的行踪。机器人内部还设置有导航系统，可以自动驾驶并躲避周围的障碍物。机器人在送货的过程中，远端还会有人工进行监控，以确保包裹不会丢失。

此外，为了确保货物的安全，只有收件人本人才可以解锁取出包裹。

图片来源：网易科技

图 7-6　Starship 的自动驾驶机器人

这款自动驾驶机器人的最快时速约为 6.4km/h，并且可以自由穿梭在城市中间以及人群中。通过这种方式送货，在价格上要比传统送货方式便宜 10 ～ 15 倍，同时大大地提升效率，而且这种送货方式污染小、能耗低，预计 2016 年这一款机器人将在美、英等国家开始正式投入使用。

（4）Transwheel

2015 年 8 月，以色列的一名学生 Shikar 发明了一款新型的快递机器人——Transwheel。

该款机器人拥有一个自平衡轮以及两个机械手臂，车轮设置有可以实现自动平衡的陀螺仪系统，机械臂负责装卸包裹，在构想的设计中，Transwheel 还具有面部识别功能，可以在交货的时候确认收件人的身份。

机械手臂在搬运包裹时可以保持直立行驶，单个机器人可运送小型包裹，而如果要运送大包裹的话就需要多个机器人组合运送了。Transwheel 还配备有 LED 信号灯，可以帮助其在夜间行驶的时候能够被其他车辆所识别。即便是在电量较低的情况下，Transwheel 也依然能够安全抵达。

尽管目前 Transwheel 还属于一个概念设计，但是在不久的将来这一设计将会成为一个产品原型，并且在物流配送中扮演重要的角色。

目前，在整个快递行业中，人力依然发挥着主导性的作用，但随着人力成本的逐渐上升以及机器人技术的不断发展成熟，越来越多的人会接受和认可机器人送货。因此，智能机器人的普及将指日可待。

7.2.5　软控股份：布局物流机器人新蓝海

从目前来看，人力成本在物流行业中仍然占有较高的比重，但随着工业 4.0 时代的到来，物流机器人将成为物流行业发展的必经之路。

2015 年 6 月，软控股份的机器人业务资源整合取得了新的进展，公司开始全面发展智慧物流行业，并在上海推出了一个智慧物流业务平台——科捷物流，同时也标志着软控股份正式进军物流自动化领域。作为全球橡胶机械行业的领军企业，在面临制造业转型升级的大背景下，软控股份的这一举动为自己未来的发展寻找到了一个新的支撑。

（1）智慧物流前景广阔

科捷物流主要是为企业提供智慧物流系统解决方案的平台，囊括从货物存取到订单处理的整个流程，包括生产厂商在内部的货物运输、快递行业内部的货物分拣以及运输等。

例如，在快递行业，科捷物流推出了一套"交叉带分拣机"系统，机器人会对流水线上的货物进行自动扫描和分拣，按照不同的运送地点将货物分开，并利用流水线上的迷你车将货物送往不同的出口。

目前快递行业中负责分拣工作的主要是工人，而快递公司在这一环节要负担的成本能够达到一家快递配送中心日常运营成本的 90%，分拣流程所耗费的时间能够占到 30% ~ 40%，而且差错在 3% 左右。而如果使用机器人完成这个环节，不仅分拣效率会大大提升，有效缩短货物的配送时间，而且差错率也能控制在万分之一左右。

生活中的"最后一公里"以及生产中的"最后一厘米"是物流行业中存在的两大瓶颈，而自动化在其中有比较大的利用空间。智能化的物流体系不仅创造了一种新的物流体验，同时也符合工业 4.0 时代柔性制造的需求。

（2）机器人业务成新的增长点

事实上，科捷物流只是软控股份在机器人领域开展战略布局的一个组成部分。2010 年，为了进一步整合工业机器人业务的优质资源，软控股份收购了青岛科捷自动化公司 35% 的股权，收购完成后实现了对该公司的全资控股。2014年年底，软控股份与上海贤益物流自动化公司建立合作关系，并创立了科捷物流，专注于物流方面的自动化业务。

现如今，科捷已经囊括了软控股份旗下所有的机器人业务：2004 年，科捷自动化公司成功研制了一台注塑机器人，填补了国内注塑机器人的空白；2011年，研制生产的机器人产品首次销往发达国家——日本，在全球机器人市场上打响了自己的品牌。

科捷作为软控股份中一个独立的战略板块，不仅运行独立的规划及机制，同时也可以采取独立的发展策略，软控股份为其提供了充分的自由和成长空间，同时科捷还可以分享软控平台上的资金、技术、社会关系等各种优质资源。

根据 2014 年年报显示，软控股份的机器人业务营收为 1.93 亿元，同比增长129.72%，虽然在营业收入上，机器人业务并没有为软控带来多高的营收，但是从发展速度上来看，机器人业务是成长最快的一个业务板块，未来将会为软控带来更丰厚的回报。

软控股份的机器人技术水平已经达到了国内领先水平，而随着制造业的转型升级，公司的机器人业务规模也将进一步扩大并在全球范围内确立自己的品牌地位。

7.3　即将到来的无人机物流时代

7.3.1　无人机：巨大的市场机会

由于无人机技术的不断突破，其飞行性能及运载能力有了大幅度提升，无人机在民用领域尤其是物流行业开始发挥出巨大的作用。对国内市场而言，由于低空领域受限，住房分布相对密集等特征，无人机在国内市场的发展受到了一定程度上的限制。

现阶段的无人机主要是旋翼式无人机，这种类型的无人机最初是为了满足战场侦查任务。与一般的军用飞机相比，这种类型的无人机续航能力更强、造价更低、隐蔽性更好。军用无人机不用军人亲自驾驶，能有效减少人员伤亡，在现代战争中已经成为重要的空中力量。军用无人机已被广泛应用于情报侦查、通信中继、追踪定位、军事打击等领域。

无人机具有的垂直起降、滞空时间长、灵活机动、制造及保养成本低等优势，在众多民用及商用领域，如灾后救援、森林防火、边境巡逻、影视取景、农田管理、核辐射检测、空气污染测定及农田灌溉等方面都有着十分广阔的应用前景，世界各国都高度重视无人机的发展。

无人机的应用能有效解决农业种植中的一系列难题。农业无人机的作业方式分为直接作业与间接作业两种：农田位置信息收集、农作物生长状态监测及病虫灾害监测等为间接作业，而农作物播种、喷药、施肥、授粉等则为直接作业。

以旋翼式无人机施肥为例，它具有方便快捷、利于规模化生产、体积小、环境适应能力强、安全可靠等众多优点，极高的精准度使其有效避免了传统施肥方式容易引发的过度施肥现象，不仅能为农户节省肥料，还减少了对环境的损害。农用无人机优良的性能，使其逐渐取代了传统农用固定翼飞机及旋翼飞机，在农业植保领域中获得了农户的一致认可。

Ⓟ------------------------------------

2013 年 10 月，在中国国际农机展中，有 9 家国内农用航空器生产商参加了此次展览会，包括金泰航空工业公司、无锡汉和航空技术有限公司、深圳天鹰兄弟无人机科技创新有限公司、珠海羽人飞行器有限公司等。

2013 年 7 月，金泰航空工业公司投资 2 亿元成立的生产研发无人航空器的生产基地在四川巴南地区正式投入使用。其研制的以电池组件为动力的多轴无人机，成为此次农机展览会上的热点。

这款产品是国内首个大型工业级农用无人飞行器，产品性能稳定、操作简单、续航能力强，其标准载重达到了 30 公斤，工作效率可达国内普通无人机的 6 倍。在为期 3 天的展览会上，这款产品收到了来自新疆、山东等地区共计 100 多架订单，产品成交价格在 40 万 ~ 65 万元。

另外，无人机在石油、天然气、煤矿等矿产资源的勘探领域也受到了众多企业的青睐。矿产资源研究领域的专家表示，隐藏在地下的矿产资源有着其特有的属性，就如同暖气通道经过的地方地表的冰雪会融化一般，通过在无人机上安装特定的装备，可以对这些特征进行捕捉，从而发现人力难以勘探出的矿藏。

地理测绘、水库流域调查、空气质量测定等方面也都有无人机应用的身影，甚至在 2015 年 12 月环保部发起的雾霾成因调查专项活动中都应用了无人机。辽宁、北京、上海等地区的环保部门是国内最早将无人机应于空气质量监测的地方，如今使用无人机进行空气质量监测在国内已经发展为一种主流趋势。

无人机监测空气质量时，能通过安装在无人机内部的空气样本收集装置，收集不同位置、高度的颗粒物，相关专家分析采集到的这些样本，其最终的结论将通过各大新闻媒体、移动 App 应用等向大众公布，并根据结果每天为人们提供出行建议。

不仅在国内，以美国为首的西方发达国家，同样也十分重视无人机在各个领域中的应用。早在 2012 年，美国就通过了一项《美国联邦航空管理局再授权法案》，明确提出要在 2015 年之前对无人机在商业领域中的应用出台新的法律法规。

2013 年，美国联邦航空管理局（FAA）正式宣布两款商用无人机 Insitu Scan Eagle 200 和 Aerovironment Puma 可用于监测阿拉斯加的海岸，其中前者主要监测鲸类迁徙及冰川活动，而后者则是为了监测原油泄漏情况。这也标志着美国距离无人机完全进入商用及民用领域有了重大突破。

国际无人机系统协会（AUVSI）发布的一项数据显示，如果美国 FAA 能按照计划于 2015 年将无人机正式对民用领域开放，2015 ~ 2025 年美国民用无人机行业将新增 821 亿美元及 10 万多个就业岗位。美国空域开放无人机的时间每晚一年，整个美国经济就会减少 100 亿美元的潜在收入。截至 2014 年，世界民用无人机市场规模约为 1000 亿美元。随着科学技术的不断发展，无人机市场将会爆发出更大的潜力。

以无人机为代表的智能化、无人化、小型化的航空装备在未来有着极为广阔的市场前景，最近几年，无人机逐渐从国防军事领域扩展至民用领域，被广泛应用于森林防火、地质勘探、灾后救援等。根据研究机构公布的一项数据显示，预计我国民用无人机未来市场规模将达到 500 亿元，民用无人机企业将达到 300 ~ 400 家。2015 年，除了无人机巨头大疆继续领跑民用无人机市场外，零度智控、亿航科技也开始崛起。

但在国内民用无人机市场中，尚未形成统一的国家标准及行业标准。由于缺乏统一的标准，"野蛮"生长的国内民用无人机市场十分混乱，产品质量参差不齐，亟须相关管理部门进行规范。此外，由于缺乏有效的监管，无人机违规飞行问题时有发生，2013 年 12 月底，一架无人机违规飞行导致首都国际机场十余班次飞机延误，两班次飞机被迫执行紧急避让。

2013 年 9 月，中国民用无人机系统峰会暨航空展在北京召开。当时，我国拥有 40 多项军用无人机标准，而民用无人机国家标准及行业标准尚属空白，为了解决这一问题，国家多个部门正在研讨制定民用无人机标准，组建民用无人机产业联盟。其中，工业和信息化部将负责制定无人机市场准入门槛，民航总局负责制定无人机的安全试航标准，交通运输部则负责制定无人机频谱标准。

由于民用无人机市场进入门槛低，科研机构、军工企业、民营企业等都进入了这一领域。截至 2015 年，国内约有 150 多家制造单位正在研发民用无人机，累积生产总量 1.5 万多架，种类繁杂、质量参差不齐，大部分是制造成本较低的小型无人机，在产品性能方面还需要进一步提升。

许多无人机制造企业在多个场合中表示，国内民用无人机生产商家标准不一，没有足够专业知识积累的消费者，在选购无人机产品时十分困难，政府管理部门应该加快制定民用无人机标准，对民用无人机行业的发展进行有效指导，并向公众广泛开展无人机技术宣传普及工作。

业内专家表示，民用无人机真正实现产业化、规模化发展，最关键的是政府放宽空域管制。事实上，不仅是我国，许多国家的民用无人机市场发展都受到了低空领域管制的严重限制。

2015 年，我国低空空域深化改革进入关键阶段。在 2015 中国国际通用航空大会高峰论坛上，国务院、中央军委空中交通管制委员会办公室副主任蔡军公开表示："在过去的几年中，我国相继实施了低空空域改革试点及两大区、七小区的扩大试点，有 14 个省、自治区、直辖市参与了此次改革，有大约 33% 的低空空域从以往的全域限制改革为管制、监视、报告 3 种不同级别的管理。"这极大地提升了我国低空空域资源的利用率。

7.3.2　即将到来的无人机物流时代

无人机在影视拍摄、空气质量检测及高速维护等领域有着广泛的应用，近年来，由于无人机高效、灵活、不受地形限制等特点，其在物流行业也开始被广泛应用。许多国际物流巨头对无人机在未来物流行业发展中的作用给予了高度评价，物流行业的专家表示，通过无人机运输货物能有效降低送货时间，而且对物流体验较差的电子商务行业将会产生巨大变革。

最近几年，顺丰、亚马逊、UPS 等物流行业巨头纷纷将无人机投放快递市场。甚至一些媒体表示，与 3D 打印技术一样，无人机物流将成为第三次工业革命的核心。早在 2002 年，澳大利亚政府就颁布了一项法律，用于规范其国内无人机产业的发展。

澳大利亚是全球首个使用无人机运送快递的国家，2013 年，澳大利亚的 Flirtey 公司联合校园课本租赁公司 Zookai，使用无人机向澳大利亚的某一偏远地区运送了课本。而位于美国的维吉尼亚州维斯县（Wise County）位置偏远、交通十分不便，当地医疗资源十分匮乏，而现在这一情况将有望得到有效改善，Flirtey 公司与美国国家航天局（NASA）将联手合作，为当地提供无人机药品运输服务，而且该服务已经获得 FAA 批准。

Flirtey 公司的无人机飞行高度约为 122 米，标准载重为 2 公斤，它通过激光测距、声呐等手段避开飞行过程中遇到的建筑物及鸟类。在悉尼市区内，使用 Flirtey 公司的无人机送货一般只需要 2 ～ 3 分钟即可送达，而且收货人还能通过谷歌地图对包裹位置进行实时追踪定位。

由 Flirtey 公司公布的数据显示，在澳大利亚市区内使用无人机送货费用约为 2.99 美元，折合人民币 18 元，而使用传统的快递方式运输包裹费用为 29.95 美元，折合人民币 183 元，运输费用远超无人机的送货费用。

德国的物流巨头邮政敦豪集团（DHL）目前正在尝试使用无人机运送货物。DHL 高层管理者在 2014 年 1 月举办的达沃斯世界经济论坛中表示："使用无人机送货的最大难题是政府部门的监管，德国政府相对保守，让政府认可这种快递模式是一项巨大的挑战，但我们已经在其他地区开始正式通过无人机运输货物了。"

继亚马逊公开进行无人机投递快件测试后，DHL 于 2013 年 12 月也进行了无人机送货测试。2014 年 2 月，DHL 在阿联酋沙漠地区进行无人机投递快件测试，此次测试的主要目的是为了检测遥控飞行系统是否能够在 40℃的高温天气及沙尘暴环境中稳定运行。

2013 年 12 月，美国达美乐披萨公司（Domino's Pizza）测试使用无人机进行运送面包、奶酪服务。达美乐披萨公司所使用的无人机运输方案，由该公司与无人机企业 AeroSight 共同研发。而许多消费者十分期待能享受到达美乐公司提供的无人机运输披萨服务。

国内的快递巨头顺丰也开始布局无人机物流市场。投递快件使用的无人机，由顺丰内部技术人员自主开发，飞行高度为 100 米，采用八旋翼结构。无人机中配有自动导航系统，能按照预先设定的飞行路线将包裹送至目的地，在一般情况下，其误差在 2 米之内。

目前，顺丰尚未公布其送货无人机的载重信息，业内人士将市场上销售的无人机产品及顺丰正式公布的信息对比后，给出了相关数据：预计顺丰自主研制的无人机飞行半径约为 10 公里，能在四级风力以下平稳升降，载重量可达 3 公斤。

2013 年 9 月，顺丰在广州东莞进行了无人机投放快件测试，出于安全角度考虑，顺丰无人机在送货过程中不直接接触用户，服务范围仅限于配送网点之间。而且，顺丰的无人机项目主要针对偏远配送网点之间的包裹运输，能够有效解决配送成本高、时效性差等方面的问题。

当前，市场上销售的与顺丰无人机性能相似的产品售价约为 6 万元，而一辆顺丰目前正在大规模使用的依维柯多功能轻型物流配送车售价约为 9 万元，因此使用无人机配送可以有效降低配送成本投入。

除了物流公司以外，一些科研机构也在进行无人机投放快递技术的研究。由哈尔滨工业大学的大学生创业团队进行的无人机配送项目"Linkall"，提出了一套无人机配送服务解决方案，这套方案主要包括配送中心、用户端及无人机三个核心要素。配送货物时，无人机将进行循环作业，每次配送完成后，无人机需要进行一定的修复，比如更换电池、重新规划路线等。

目前，无人机的续航问题是一个亟须突破的技术难点。以哈尔滨为例，其冬季平均气温在零下 20℃左右，极端天气甚至能达到零下 30℃以下，在这种十分寒冷的天气中，无人机的电池损耗会十分严重。

7.3.3　无人机物流面临监管困境

2013 年 12 月初，亚马逊 CEO 杰夫·贝佐斯（Jeff Bezos）在一家美国电台的栏目专访中透露出了一个名为"Prime Air"的物流计划，亚马逊将尝试使用无人机运送小型包裹。数天后，德国物流巨头 DHL 也成功实施了首次无人机投放快递实验。

据 DHL 公布的数据显示，此次测试的无人机被命名为 Paketkopter，飞行距离约为 1 公里，飞行高度为 50 米。DHL 中的一位高管向媒体表示："虽然这款无人机性能还存在一定的不足，但对其未来在物流行业将有极其广泛的应用前景。"

经过一年多的不断完善，截至 2015 年 8 月，DHL 研发的 Paketkopter 无人机性能有了大幅度提升。最新的 Paketkopter 无人机采用四轴动力系统，标准载重 1.2 公斤，飞行时间可达 45 分钟，最高时速为 65 km/h。

目前，无人机在技术层面上进行快递投放已经不是问题。如今的无人机技术，能够通过 GPS 自动导航等方式进行精准定位，而且能自动装卸货物、扫描条形码运输。即使在建筑物较为密集的市区，无人机也能从指定的楼层窗户中进出，另外，无人机躲避障碍物技术完全可以满足快递投放需求。

但政府对于无人机的监管则是限制无人机物流发展的一大障碍，无论是以美国为首的西方发达国家，还是我国，无人机快递相关的法律法规及监管政策尚未真正落实。

虽然无人机的飞行安全性、操作技术性及场地需求都相对较高，但这些问题都能通过技术的突破得到有效解决。由于国内地区的低空空域限制、住房密集等因素，真正让无人机面向用户确实存在着一定的难度。而无人机物流应用在地广人稀的美国城郊中却不成问题。

目前，美国地区的无人机管理规则限制了无人机的快速发展。FAA 多次发布声明，目前在美国地区不被允许自控无人机飞行。FAA 规定，无人机只能由警察及无人机爱好者使用。FAA 还在华盛顿等地设置了许多禁止无人机飞行的空域。

FAA 的现行无人机管理政策仅允许娱乐性质的无人机在美国地区飞行，无人机商用基本处于禁止状态。截至 2014 年年底，美国被批准使用无人机的公司仅有 11 家，而且无人机重量必须小于 24.9 公斤，飞行过程中必须始终处于操作人员的视线以内。

目前，我国的《无人机飞行管理规定》的制定已经进入尾声。2015 年 12 月底，民航局对《使用民用无人驾驶航空器系统开展通用航空经营活动管理暂行办法（征求意见稿）》向社会公开征求意见。虽然目前管理规定尚未正式出台，但国内已经有许多无人机商家正在研发能应用于无人机物流的产品。未来，一旦无人机物流突破政策阻碍，其必将引发物流行业的颠覆性变革。

7.3.4　亚马逊 Prime Air 无人机计划

2015 年 11 月，亚马逊向外界展示了一款无人机模型，这是亚马逊在提出无人机计划以来公开展示的第一款新无人机样机，该款样机将应用于 30 分钟无人机送货服务，飞机的飞行高度能够达到 121.92 米，重量可达约 24.9 公斤。

英国著名的汽车节目主持人杰里米 · 克拉克森（Jeremy Clarkson）是亚马逊无人机送货的代言人，并由其专门演绎了一段宣传片，如图 7-7 所示。

图片来源：新浪科技

图 7-7　杰里米 · 克拉克森演绎的亚马逊无人机宣传片

（1）30 分钟内就能送到家

在宣传片中，杰里米·克拉克森描述了一个不久的将来可能会出现的场景：3 岁的斗牛犬斯图尔德（Steward）把小女孩子的鞋子咬坏了，而小女孩下午要去参加足球运动，女主人找到平板电脑，在亚马逊上为小女孩重新买了一双运动鞋，亚马逊通过无人机在 30 分钟内将鞋子送到了家中。

在无人机以及快递的包装盒上都印着"Prime Air"的字样，在宣传片中，包裹是被放在了无人机的机身中，而不是像以前设计的那样挂在无人机下面。亚马逊无人机如图 7-8 所示。

图片来源：新浪科技

图 7-8　亚马逊无人机

亚马逊的无人机计划就是保证在最短的时间内安全地将包裹通过无人机交付到消费者手中。

这段宣传片是亚马逊在提出"Prime Air"计划以来首次公布的视频，并希望借助杰里米·克拉克森的影响力获得英国、美国以及其他地方民众的支持，从而为无人机扫除监管上的障碍。

（2）可以"感知并避开"障碍

在宣传片中，当一架无人机正飞在纽约市郊上空的时候，克拉克森就介绍说，未来为了适应不同的飞行环境，亚马逊还会推出不同设计的无人机家族。

宣传片中的无人机可以飞行约 24.14 公里，并且可以感知周围的变化。无人机应用了自动躲避技术，可以随时监控，并躲避各种障碍物，保证正常飞行。从宣传片中可以看出，该款无人机已经进行了诸多的改进，不仅飞行更加稳定，而且飞行高度也提高了。

克拉克森在宣传片中介绍说，之所以采用无人机送快递是为了保障快递的安全。

当无人机飞到 121.92 米的高度时，精巧的混合式设计可以让其进行水平方向的飞行。无人机在接近地面目的地的时候，用户就会收到快递即将到达的信息；当无人机获准降落后，无人机将自动切换回垂直模式，并对降落区可能存在的潜在危险进行扫描；扫描安全之后，无人机将慢慢降落到有亚马逊 Logo 的着陆点，将包裹放下后再飞回空中。亚马逊无人机配送如图 7-9 所示。

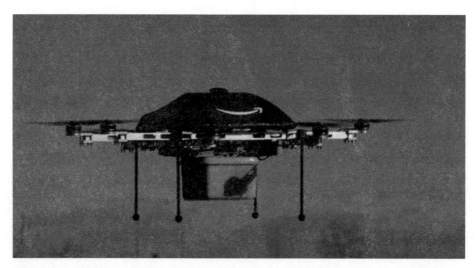

图片来源：腾讯网

图 7-9　亚马逊无人机配送

（3）什么时候才能投入使用

随着美国商用无人机需求的持续增长，2015 年 2 月，FAA 颁布了《商用无人机管理条例草案》，同时白宫也发布了一份总统备忘录，要求无人机在使用过程中做到公开透明，同时要保护公民的自由。

草案规定，无人机的操作者需要通过笔试获得一种特殊的飞行员执照，无人机只能在白天飞行，并且飞行速度要控制在 160km/h 以下，飞行高度要在 152 米以下的可视区域，而且无人机的操作者必须年满 17 岁。无人机不允许在人们的头顶飞行，也不能靠近飞机场，以规避潜在的安全威胁。另外，新闻机构禁止使用无人机进行拍摄活动。

当然草案中也不允许可以用无人机运送包裹。但是新法草案从公布到实施还需要很长一段时间，随着科技的不断进步，或许这些规则也将会进行一些修订。从全球范围来看，无人机需求不断上升，无人机在商业领域的应用也日益广泛，无人机可以帮助企业降低成本，开展有风险的工作，并且促进商业领域的创新。

根据美国新闻网站 Quartz 报道的消息，FAA 已经取消了关于无人机安全性能的测试，这为亚马逊的无人机计划的实现创造了一种良好的环境。

7.3.5　顺丰：开展无人机快递配送服务内测

2015 年，顺丰公司与极飞科技合作的物流无人机项目不仅在物流行业引起了剧烈的震动，同时也吸引了各大媒体的争相报道。作为无人机快递的先锋，顺丰已经将无人机快递铺向了珠三角地区，每天无人机的飞行密度能够达到 500 架次，为山区、偏远乡村等农村市场提供无人机快递服务。顺丰无人机快递演示如图 7-10 所示。

随着无人机快递的兴起以及测绘市场对无人机需求的日益高涨，国家相关部门也在推动行业监管条例逐渐走向明确化。以中国航空器拥有者及驾驶者协会（AOPA）为代表的部门，正在积极推进无人机行业飞行的标准化以及规范化。未来，无人机行业的从业者将必须经历"三步走"环节，即考取驾驶执照——进行适航审定——申请空域飞行许可。

图片来源：网易新闻

图 7-10　顺丰无人机快递演示

（1）农村、山区先行

不管是亚马逊还是淘宝网，在开展无人机快递测试的时候都是将地点选在了城市中心。事实上，这些地区由于交通发达，单位面积包裹多，采用人力送货效率更高。无人机在城市中飞行，不仅飞行空间有限，而且收货也比较困难，因此这些测试活动炒作的嫌疑较大，实际运营的可能性较小。

而顺丰在经过了两次无人机研发以及送货服务测试之后，将无人机快递的市场定位在了偏远的山区和农村。

目前，顺丰与极飞科技合作研发的快递无人机已经更新升级到了第三代，并且在广州和浙江等地区都进行了高密度的测试。顺丰的无人机快递模式，采用了一套系统化的飞行调度系统，需要全天候飞行器、远程调度系统、地面收发站点和第三方等配合协调完成。

无人机的地面收发站点在接收到飞行任务之后，快递员会将装有包裹的无人机放在指定的位置，并用把枪扫描确认航班信息，无人机在确认信息无误之后会自动起飞，当到达指定地点之后，会有收件员通过把枪扫描确认航班到达，并取下包裹，无人机将自动返航。

顺丰目前的无人机试点航线主要是在山区、偏远乡村以及大型湖泊水库等，在珠三角地区每天以500架次的密度飞行，并在飞行过程中收集实地的飞行数据，从而为以后无人机快递的整体运营和调度系统的构建提供有价值的数据参考。顺丰致力于打造一个庞大的无人机运送网络，从而提高偏远地区和农村市场的物流运输能力，进一步缩短快递运送的时间，提升消费者的物流体验。

顺丰的无人机快递并非是遥控无人机投递包裹那么简单，同时还囊括了无人机的落地、调度和管理的自动化系统。

顺丰无人机快递的市场目标聚焦于偏远地区，同时也会应用于物流站点之间的应急快件运送等特殊情况。由于各家物流企业对无人机物流的需求并不大，因此无人机物流要想实现爆发式增长还需要很长一段时间。而且要在公众市场上广泛使用无人机为消费者送货并不现实，因此，无人机在农村物流、测绘等领域的发展空间更大一些。

（2）山寨"飞手"不合规

随着无人机需求的不断增加，无人机应用将逐渐走向标准化，国家对无人机的应用制定了相关的政策，针对无人机物流、测绘等行业监管也将日渐明晰和完善。

从2014年起，民航总局旗下的中国AOPA开始承担起对无人机驾驶员资质以及训练质量的管理工作，同时也推动了国内无人机行业执照考试、企业培训等标准化流程和准则的建立和完善。截至2014年年底，全国拥有无人机驾驶员合格证的人数为244人，这部分人员主要来自于无人机生产企业和大专院校。同时，中国AOPA还为18家单位颁布了无人机驾驶员训练机构临时合格证。

国内很多的无人机生产企业都在自行组织"飞手"资格培训，并颁布资格证书。事实上，根据相关的审批和管理办法，企业自己颁发的资格证并不具备法律效力。根据规定，向民航、空军等主管单位申请空域飞行必须要有中国AOPA 颁发的无人机驾驶员执照等资格。这也预示着无人机应用的物流、测绘等行业，将逐渐走向规范化和标准化的无人机应用时代。

参考文献

[1] 赵光辉，李莲莲，单丽辉. 综合运输服务：互联网与大数据应用评价. [J]，综合运输，2015.9

[2] 赵萍. 2014年中国流通产业回顾与2015年展望[J]，中国流通经济，2015.1

[3] 何黎明. 2014年我国物流业发展回顾与2015年展望[J]，中国流通经济，2015.2

[4] 赵光辉. "十三五"期中国交通服务战略展望[J]. 改革与战略，2015.5

[5] 戴夫·柯本（Dave Kerpen），特蕾莎·布朗（Theresa Braun），瓦莱丽·普里查德（Valerie Pritchard）. 互联网新思维：未来十年的企业变形计. 中国人民大学出版社[M]. 2014.4

[6] 涂子沛. 大数据：正在到来的数据革命. 广西师范大学出版社[M]. 2015.4

[7] 赵光辉，田仪顺. 交通运输社会服务能力. 人民交通出版社[M]. 2013.5

[8] 何承，朱扬勇. 城市交通大数据. 上海科学技术出版社[M]. 2015.1

[9] 赵光辉，陈立华. 公路交通应急管理教程. 人民交通出版社[M]. 2013.3

[10] 阿里研究院. 互联网+：从IT到DT. 机械工业出版社[M]. 2015.4

[11] 王先庆，李征坤，刘芳栋，张靖军. 互联网+物流："互联网+"时代，下一个千亿级"风口". 人民邮电出版社[M]. 2015.11

[12] 赵光辉. 我国"互联网+"综合运输服务的演进与政策研究. [J]，中国流通经济，2016.3

[13] 曹磊，柴燕菲，沈云云，曹鼎喆. Uber：开启"共享经济"时代. 机械工业出版社[M]. 2015.10

[14] 田仪顺，赵光辉，李莲莲等. 公路交通服务体系的战略方向和建设重点[J]. 综合运输，2015.12

[15] 蔡余杰，黄禄金. 共享经济. 企业管理出版社[M]. 2015.9

[16] 李善友. 颠覆式创新：移动互联网时代的生存法则. 机械工业出版社[M]. 2015.3

[17] 赵光辉，田仪顺，李莲莲. 我国道路运输服务业发展评述[J]. 综合运输，2015.6

[18] 杨东授，段征宇. 大数据环境下的城市交通分析技术. 同济大学出版社[M]. 2015.1

[19] 李莲莲，田仪顺. 基于现代交通运输视角的交通服务业研究[J]. 交通企业管理，2013.8

[20] 邹力. 物联网与智能交通. 电子工业出版社[M]. 2012.6

[21] 汪晓霞. 城市智能交通系统技术及案例. 北京交通大学出版社[M]. 2014.4

[22] 田仪顺，赵光辉等. 公路交通服务体系的战略方向和建设重点[J]. 综合运输，2015.10

[23] 杨臻. 蜘蛛——物流战略高管手记. 清华大学出版社[M]. 2014.2

[24] 塞缪尔·格林加德. 物联网. 中信出版社[M]. 2016.1

[25] 田仪顺. 基于阶段性的交通资源配置与经济社会发展需求的适应性分析[J]. 公路与汽运，2014.3

[26] 杨正洪. 智慧城市——大数据、物联网和云计算之应用. 清华大学出版社[M]. 2014.1

[27] 巴罗. 企业物流管理——供应链的规划、组织和控制. 机械工业出版社 [M]. 2006.8

[28] 王晨晖. 云端致胜——亚马逊电商帝国的财富密码. 中国宇航出版

社[M]. 2013.11

[29] 刘军. 汽车后市场电商模式与运营. 化学工业出版社[M]. 2015.4

[30] 戴定一.智慧物流案例评析. 电子工业出版社[M]. 2015.11

[31] 徐晓齐. 车联网. 化学工业出版社[M]. 2015.9

[32] 赵光辉，田仪顺.基于公众满意度的公路交通社会服务能力调查研究[J]. 公路交通科技，2012.6

[33] 娜达·R·桑德斯（Sanders,N.R.）. 大数据供应链：构建工业4.0时代智能物流新模式. 中国人民大学出版社[M]. 2015.7

[34] 田仪顺. 交通运输行业社会服务能力满意度调查之思考[J]. 交通企业管理，2012.3

[35] 李联卫. 物流管理案例及解析. 化学工业出版社[M]. 2015.6